尼克松传
从谷底到山巅

［美］卢克·A. 尼科特／著
(Luke A. Nichter)

徐静姿／译

Richard M. Nixon
In the Arena, from Valley to Mountaintop

中国人民大学出版社
·北京·

序　　言

　　写作一本美国总统的介绍性传记是一项富有挑战性的工作。本书以理查德·尼克松（Richard Nixon）为写作对象，之前有关他的传记作品大多有失公允，出现这种现象的原因主要是在大多数关于尼克松的作品写作之时，研究所需的尼克松政府的绝大部分档案还未对公众公布。这些作品的立场呈现两极化，有的对主人公横加批判，有的则为其辩护正名，而所有的传记文字，其内容都未免片段化，多有遗漏之处，不够全面。此外，如果写作的对象本身具有争议性，挑战则更甚。直至今日，理查德·尼克松仍然是一个两极化的形象，不同年代的人们对其看法各异。比如，经历了水门事件日常新闻报道的人和对此事件毫无印象之人，两者的看法可能有天壤之别。一般来说，年青一代由于生活中充斥着各种冠之以"门"的丑闻，所以他们很难相信水门事件竟会受到如此高的关注。

　　理查德·尼克松的总统档案，很多是在过去的十年间才得以开放的，其中涉及的原因众多：坐落在加利福尼亚州约巴林达的理查德·M. 尼克松总统图书馆，直到 2007 年才成为一所联邦机构；围绕尼克松的档案资料存在很多诉讼案；尼克松本人曾阻止档案发布；美国国家档案馆经费不足，难以应对尼克松档案资料的特殊的复杂的情况。整整过了 30 年时间，数量庞大的国家安全档案才得以开放并用于研究，即使在写作此书之时，仍有大量资料无从获取。尼克松当政之后的档案基本上也未开放，对于记述尼克松如何从一位蒙羞的总统转变为一名资深政治家，这些档案是不可或缺的。此外，国家档案馆尚有大约 700 小时的尼克松政府的秘密录音未被公布，而已被公布的近 3 000 小时的录音，大多数没有进行文字转写或正式出版。目前很有可能会公布的内容，是曾被归为国家安全级别的累计数百小时的录音。可想而知，正是由于缺乏这些必要的资料，迄今为止还没有人完整地记述尼克松的生平及所处时代。在可预见的未来，我们还会继续了解尼克松执政时期的重要细节。随着文件和录音不断公开，对于尼克松的研究者而言，研究工作的资料会越来越丰富。

虽然做了这么多免责陈述，本书仍试图研读理查德·尼克松的生平，并着重记述其执政经历。本书并非要做到面面俱到，而是试图总结我们"所知的"尼克松生平的各个方面。书内要选取某些主题就不免需要舍弃或略述另一些主题，每当遇到这种情况，我往往最终选择以往较少被探究或有待我们进一步了解的主题。

写作一本书远非个人之力可以完成的。一直以来，我得到了很多图书馆和档案馆的帮助。其中对我帮助最大的机构包括：加利福尼亚州约巴林达的理查德·M. 尼克松总统图书馆、密歇根州安娜堡的杰拉尔德·R. 福特总统图书馆、马里兰州大学园区的国家档案和文件署以及比利时、法国、德国、意大利和英国的政府和非政府的档案馆。在过去近10年的时间里，这些机构无数次接待了我，甚至在我提出各种要求的时候也是不厌其烦、热情周到。得克萨斯A&M大学的图书馆员，多次为我提供续借和馆际互借服务，还应我的请求再三协助我进行研究。即便在我违反规定时，他们也十分照顾我。

此外，我还要感谢芭芭拉·贝内特·彼得森（Barbara Bennett Peterson）邀请我为《美国总统》丛书写作此书。在这套丛书中，我已写作并出版了林登·B. 约翰逊（Lyndon B. Johnson）和乔治·W. 布什（George W. Bush）的传记。一路走来，写作让我不断地提升自己，而芭芭拉给予的真知灼见更让我受益匪浅。最后，我要尤其感谢我耐心的妻子珍妮弗（Jennifer）以及我的家人，同写作前两本总统传记时一样，我牺牲了许多夜晚、周末以及节假日的时间，伏案工作、不问家事。

目　　录

第 1 章　早期生活 …………………………………… 1
第 2 章　第二次世界大战：初显锋芒 ………………… 7
第 3 章　冉冉升起的新星 …………………………… 17
第 4 章　下野后的回归 ……………………………… 23
第 5 章　1968 年总统选举 …………………………… 31
第 6 章　争取盟友 …………………………………… 37
第 7 章　尼克松与戴高乐 …………………………… 59
第 8 章　联邦德国与"新东方政策" ………………… 83
第 9 章　英美"特殊关系" …………………………… 103
第 10 章　尼克松磁带录音之原委 …………………… 123
第 11 章　越南与尼克松主义 ………………………… 141
第 12 章　国内政策 …………………………………… 155
第 13 章　三角外交 …………………………………… 161
第 14 章　次大陆的困境 ……………………………… 179

第 15 章　1972 年大选 …………………………………… 217
第 16 章　水门事件 ……………………………………… 223
结语 ……………………………………………………… 231
附录 ……………………………………………………… 247

第 1 章

早期生活

尼克松小时候十分乖顺安静,他每天不等天亮就起床,去商店里帮忙。他学习优秀,还是个虔诚的教徒。晚上他听到远处火车的鸣笛声,便想着火车要开往何处,并梦想自己有一天也能去到远方。

尼克松

1913年1月9日，理查德·米尔豪斯·尼克松（Richard Milhous Nixon）出生在加利福尼亚州（简称"加州"）的约巴林达。小尼克松的父亲是弗朗西斯·A. 尼克松（Francis A. Nixon），拥有苏格兰、爱尔兰血统，其所建的房屋正是其儿子的降生之地；小尼克松的母亲名为汉娜·米尔豪斯·尼克松（Hannah Milhous Nixon），也拥有德国、英国、爱尔兰血统，是英格兰国王爱德华三世（1312—1377）的后裔；小尼克松的祖先詹姆斯·尼克松（James Nixon）是爱尔兰的移民，在1753年来到特拉华的纽卡斯尔定居；另一位祖先乔治·尼克松（George Nixon），在美国革命中曾跟随乔治·华盛顿（George Washington）将军的部队穿越特拉华地区；曾祖父乔治·尼克松三世于美国内战时期在葛底斯堡被杀害；小尼克松还是威廉·霍华德·塔夫脱（William Howard Taft）总统的二世后裔以及赫伯特·胡佛（Herbert Hoover）总统的隔代后裔。

弗朗西斯·尼克松于1878年出生在俄亥俄州的文顿郡，他干过很多临时工，起初对政治并不感兴趣，直到偶遇威廉·麦金莱（William McKinley）总统。当时，总统夸赞了他所骑的马匹，这竟让他转变了对政治的看法。与汉娜结婚之后，老尼克松不再信仰循道宗教义。更值得一提的是，遇到麦金莱总统后，他开始推崇共和党的执政理念。他的妻子汉娜·米尔豪斯，于 1885 年出生在印第安纳州的詹宁斯郡。汉娜受家庭的影响，是一名虔诚的贵格会教徒，她日后也逐渐向子女灌输了这种信仰。贵格会教徒注重严格的礼拜次数，认为教堂是整个社区的核心。他们不能喝酒、舞蹈、发誓或者宣誓（比如，赫伯特·胡佛总统就因笃信此派教义，而选择把总统宣誓中的"发誓"一词换成"重申"，但尼克松后来还是使用了更为传统的"发誓"一词）。汉娜是共和党家庭出身，党派观念十分深刻，老尼克松由于支持伍德罗·威尔逊（Woodrow Wilson）总统在美国参与第一次世界大战之前所奉行的孤立主义政策，曾招致妻子的不满。

小尼克松有四个兄弟，但他是其中活得最长的。阿瑟（Arthur）和哈罗德（Harold）分别因为脑膜炎和肺结核而不幸去世，整个家庭出人头地的压力就更多地落在了尼克松的肩上。哈罗德出生于 1909 年，之后是尼克松，唐纳德（Donald）出生在 1914 年，阿瑟是 1918 年，最小的埃德（Ed）出生于 1930 年。两个兄弟的过早离世迫使尼克松迅速成长起来，他也因此变得更加严肃老成。疾病带来的意外让尼克松一家感到了沉重的压力，在那段艰难的日子里，全家人紧紧相依，贵格会教规成了他们强大的精神支柱。

最初，尼克松一家在加州南部定居时，由于柠檬园经营失败，生活难以为继。但是，他们在惠蒂尔附近的杂货店和加油站的生意红火起来之后，家庭状况便好转了。生活足够富足后，他们有时还会免除熟客的欠款。尼克松小时候十分乖顺安静，他每天不等天亮就起床，去商店里帮忙。他学习优秀，还是个虔诚的教徒。晚上他听到远处火车的鸣笛声，便想着火车要开往何处，并梦想自己有一天也能去到远方。尼克松在约巴林达和惠蒂尔上完了小学，后进入富勒顿中学念书，但三年级时转学到了惠蒂尔高中。1930 年，尼克松以全班第一的成绩从学校毕业。

尼克松大学时就读于惠蒂尔学院。他在学校创建了四方兄弟会，想与更有名气的富兰克林兄弟会一较高下。尼克松主修历史，口才极佳且极富表演才能。他酷爱体育运动，喜欢棒球、足球和田径。但尼克松得以参加校级赛事，却是凭借十足的干劲而非运动才能。为了节省费用，尼克松大学期间选择走读。周末，他在东惠蒂尔公谊会教堂担任主日学校的老师，他终生都是这所教堂的成员。1934 年，尼克松大学毕业，在 85 人的班级里名列第 2。他曾在 1933 年与惠蒂尔警长的女儿奥拉·弗洛伦丝·韦尔奇（Ola Florence Welch）相恋，之后还订了婚，但 1935 年两人却劳燕分飞，具体原因无从知晓。不过，他们之间确实存在明显的政治分歧。韦尔奇家族强烈支持富兰克林·德拉诺·罗斯福（Franklin Delano Roosevelt）总统及其新政，而尼克松家族并不赞成。

尼克松毕业之后，以全额奖学金进入杜克大学法学院学习。他在校期间对 20 世纪 30 年代南部各州的种族观念一直持批判态度。他参与了新政设立的全国青年总署的一个项目，在法学院图书馆做兼职工作，酬劳为每小时 35 美分。为了节约费用，他选择住在学校附近的一处破旧农场。尼克松曾担任杜克大学律师协会会长，1937年，他从学校毕业，在25人的班级里排名第3。之后，他申请加入联邦调查局，但在招聘的最后关头被拒之门外。这似乎是由于尼克松当时选择返回加州，错过了及时接受委任的机会。尼克松转而去往纽约一家著名律所求职，但再次事与愿违。最终，尼克松回到拉哈布拉从事法律工作，并于1937年11月正式成为律师。他开始在温格特-比尤利律所工作，负责石油公司的商业诉讼案、公司法的其他领域以及遗嘱等事务。1938年，尼克松在拉哈布拉成立了分所，第二年成为该律所的正式合伙人。

第 2 章

第二次世界大战：初显锋芒

尼克松在见到帕特的当晚便向对方求婚，坚信自己是一见钟情。虽然遭到回绝，尼克松仍坚持追求对方，帕特起初也并未动心。帕特没有车，晚上她和约会对象外出时，尼克松便主动充当司机。时间一长，尼克松终于赢得了帕特的芳心。

尼克松与妻子

1940年6月21日，理查德·尼克松与帕特里夏·瑞安(Patricia Ryan，以下简称"帕特")喜结连理。帕特是加州里弗赛德市米申地区的一名教师。两人在墨西哥度完蜜月后，搬到了长滩，之后又搬到东惠蒂尔。1942年1月，他们迁居首都华盛顿，尼克松在新政下设的物价管理局谋到了一份差事，该机构负责战时物价管制及配给。

******

1912年3月16日凌晨3点25分，帕特里夏·瑞安出生在内华达州的伊利市，接生的医生是艾伯特·富兰克林·亚当斯(Albert Franklin Adams)。当时，帕特全家居住在坎普顿街，此街位于第五街和第六街之间。房子东临法院大楼，外表看起来并不起眼。直至今日，有关帕特的早期生活仍然不甚清晰。帕特曾在较短的时间内随父母租住过多处。她在1939年4月26日申请了社会保障，但她提供的信息与其出生证明上的信息并不相符。对于这个疑问，内华达州立图书馆也无法给出解答。有关帕特兄弟姐妹（包括帕特的母亲与前夫生育的两名子女）的情况，外界所知更少。由于家庭频繁搬迁，其后代的子女也无法记清自己曾于何时居住在哪个城镇。

帕特的父亲名叫威廉·M. 瑞安（William M. Ryan），是一名铜矿工人。帕特的母亲是凯特·哈尔伯施塔特·瑞安（Kate Halberstadt Ryan），原籍德国。老瑞安出生在康涅狄格州，在搬到内华达州的怀特派恩之前，曾在南达科他州布莱克山的几座金矿里工作。从 1910 年的人口普查数据可以得知，老瑞安和凯特就是在头一年成婚的。夫妇俩把女儿取名为"帕特"，是因为女儿降生的当晚正是圣帕特里克节（St. Patrick's Day）[①] 前夜，之后这个称呼就未曾变过。在帕特小的时候，全家搬到了加州阿蒂西亚市洛杉矶郊区的一个工人阶层社区，父亲在当地从事货车运输生意。

帕特未满二十岁便失去了双亲。在 1926 年母亲死于癌症之后，帕特开始料理家务，照顾父亲和两个兄弟。1930 年，父亲由于之前在矿上工作患上了硅肺病，也不幸离世。从此，帕特便独自承担起家庭的重担。1929 年，帕特从浩瀚高中毕业，在从事银行工作的同时，以半工半读的方式在富勒顿学院完成了学业。之后她就读于南加利福尼亚大学的商品学专业，其间做过几份临时工，当过商场售货员和电影临时演员。1937 年，帕特以优异的成绩从学校毕业。

帕特毕业后来到惠蒂尔高中当了一名教师，讲授打字和速记课程。当时，理查德·尼克松已经从杜克大学法学院毕业，并创立了一家律所。两人同为剧作《黑暗塔》的演员，在小剧场公司

[①] 每年的 3 月 17 日，为纪念爱尔兰守护神圣帕特里克而设。后来随着爱尔兰后裔遍布世界各地，渐渐在一些国家成为节日，美国从 1737 年 3 月 17 日开始庆祝此节日。——译者注

相识相知。尼克松在见到帕特的当晚便向对方求婚,坚信自己是一见钟情。虽然遭到回绝,尼克松仍坚持追求对方,帕特起初也并未动心。帕特没有车,晚上她和约会对象外出时,尼克松便主动充当司机。时间一长,尼克松终于赢得了帕特的芳心。再经过一通劝说,帕特最终同意嫁给尼克松。她虽然是一名循道宗信徒,但愿意随丈夫采用贵格会的结婚仪式。1940年6月21日,两人举办了婚礼。尼克松在美国海军服役期间,帕特在政府部门从事经济工作。1946年国会竞选开始时,帕特不辞辛劳,为丈夫奔走游说。短短六年时间,尼克松便成为全国公众人物,并在德怀特·D. 艾森豪威尔(Dwight D. Eisenhower)1952年参加总统竞选时成为其竞选搭档。

1946年,尼克松夫妇有了自己的第一个孩子,帕特里夏·"特里西娅"·尼克松(Patricia "Tricia" Nixon)。特里西娅后来毕业于芬奇学院,于1971年在白宫的玫瑰园与爱德华·F. 考克斯(Edward F. Cox)举行了婚礼。夫妇俩婚后定居纽约,特里西娅也很少在公共场合露面。尼克松的二女儿朱莉·尼克松(Julie Nixon)出生于1948年,她毕业于史密斯学院,丈夫是戴维·艾森豪威尔(David Eisenhower),即艾森豪威尔总统的孙子,戴维营便是以他的名字命名。朱莉写了不少书,包括《非凡的人们》(*Special People*)《对尼克松的看法》(*View on Nixon*)以及有关她母亲的传记《帕特·尼克松:没有说出的故事》(*Pat Nixon: The Untold Story*)。朱莉一直是父亲忠实且坦率的支持者,在最困难的水门事件时期也是如此。据报道称当时朱莉曾劝父亲不要辞职。如果说特里西娅更亲近母亲，那么朱莉则更亲近父亲。

帕特成为第一夫人之后，十分鼓励志愿活动，曾组织发起白宫东厅跨教派的礼拜活动。她还大力支持艺术，协助安排了歌剧和蓝草音乐等国内各音乐流派的艺术家来白宫参演。同时，白宫的绘画藏品在此时期足足增加了600件。帕特直言不讳地支持女性生育权以及具有历史意义的罗诉韦德案（1973）① 的裁决。在尼克松访华期间，帕特一直陪伴在侧。当丈夫忙于与中国领导人会谈时，帕特带领美国代表团参观了孤儿院、学校、工厂、社区和村庄，还去看了大熊猫。帕特在作为第一夫人的那段时期内频繁出访，不仅随尼克松到访过苏联，还独自去秘鲁给地震灾民捐献物资，并作为总统的个人代表访问过非洲和南美。在水门事件最为艰难的时刻，帕特在一旁默默地支持和鼓励着丈夫。

1993年6月22日，由于长期吸烟引发的肺气肿和肺癌，帕特在新泽西州帕克里奇老家逝世。帕特曾在1976年和1983年患过轻微中风。妻子的去世对尼克松打击很大，他的生命也加速走到了尽头。在帕特的祭典上，很少公开表露感情的尼克松痛哭流涕。今日，在加州约巴林达的理查德·M.尼克松总统图书馆，帕特和尼克松被安葬在一起，永远陪伴着对方。

******

珍珠港事件爆发后，全美掀起了一股爱国热潮。尼克松由于

---

① 1969年，一位化名为杰内·罗伊的女子将其所在地达拉斯县的检察长亨利·韦德告上法院，向得克萨斯州限制堕胎的法令提出了挑战。1973年，美国联邦最高法院宣布堕胎合法。——译者注

两方面原因,有资格免除兵役:一是他贵格会教徒的身份,二是他接受了物价管理局的工作任命。但不久后,1942年春,尼克松参加了海军并于同年8月被任命为军官。尼克松在罗得岛的匡塞特角海军航空站受训之后,被派驻到艾奥瓦州的奥塔姆瓦海军航空站工作了7个月之久。在匡塞特角期间,尼克松遇到了威廉·P.罗杰斯(William P. Rogers),罗杰斯日后在艾森豪威尔政府就职,并在尼克松的第一个总统任期内出任国务卿。尼克松服役时常常在下班空余时间玩扑克牌,由此获得的可观收入既贴补了家用,又为他日后竞选国会议员积累了资金。尼克松后来被任命为南太平洋作战空运司令部的海军乘客控制官员,为西南太平洋战区提供后勤支持。这份工作并不太费脑筋,尼克松有些失望,于是他请求从事更具挑战性的工作,之后他便被指派负责货运部门。

在此期间,尼克松并没有亲历任何战事。但是,他努力获得了两枚银星勋章,还得到了海军中将J. H. 牛顿(J. H. Newton)的传令嘉奖,随后成为加州阿拉米达海军航空站第8空军联队的行政官员。1944年12月,尼克松转入位于首都华盛顿的海军航空局,在第二次世界大战接近尾声时负责关于终止战争合同的谈判。尼克松在工作过程中得到了海军部长詹姆斯·福里斯特尔(James Forrestal)的褒奖。之后,尼克松晋升为海军少校。1946年1月1日,尼克松辞去军职,结束了战时的军旅生活。

尼克松退役后被惠蒂尔地区一些有影响力的共和党人说服,参加了1946年的国会竞选。当时,竞争对手杰里·沃里斯(Jerry

Voorhis)已连任五届,竞选的道路困难重重。但是,尼克松作风强硬,有时丝毫不给对方留有情面,忠实的党徒对他颇为支持。尼克松宣扬沃里斯与左翼极端分子交好,他在日后的竞选中也用到了类似手段。尼克松还充分利用了自己新近退伍的身份。对于富有的支持者提供的竞选资助,尼克松物尽其用。这些支持者发誓要看到这匹共和党黑马一举夺魁,尼克松也最终如愿获选,于1947年1月正式成为代表加州第十二国会选区的联邦众议员。

1947年,国会出台了一部重要的劳资关系法案《塔夫脱-哈特利法》,尼克松对此大为支持。他还与另一名新当选的众议员约翰·F. 肯尼迪(John F. Kennedy)同在教育与劳工委员会任职。两人都是首次当选议员,又是委员会的新成员,所以便有了交情。尼克松还任职于赫脱委员会,该委员会以后来成为国务卿的克里斯琴·赫脱(Christian Herter)的名字命名。由于直接目睹了战争对欧洲的破坏,尼克松在委员会内的职责就是遍访欧洲各地,以确定如何最好地分配美国用于欧洲复兴的经济援助款项。赫脱委员会提出的一系列建议构成了日后被称为马歇尔计划的核心内容。尼克松在此期间深受国际主义者的影响,毕生都支持欧洲重建、一体化以及北约等事业。尼克松最直接地看到了欧洲的灾祸,也深刻地理解美国为保障欧洲的自由而付出的代价。

1948年,尼克松通过众议院非美活动调查委员会,发起并主导了阿尔杰·希斯(Alger Hiss)调查案。初涉政坛的尼克松借此声名远播,并于同年晚些时候毫无悬念地再次当选国会议员。关于希斯调查案,确切地说,由于希斯提供的证词与《时代周刊》

编辑惠特克·钱伯斯（Whittaker Chambers）的证词大相径庭，尼克松开始介入调查，并在纽约主持了多场听证会。在尼克松的穷追不舍下，"南瓜文件"——希斯被指称藏匿在南瓜地里的一批政府档案——遭到曝光，案件由此进入白热化。1950年，由于对调查委员会提供不实证词，希斯被判伪证罪，锒铛入狱。通过这起案件，尼克松一夜之间成为了政治明星，成为《美国信使》等一批杂志大肆吹捧的对象。同时，希斯案也让尼克松拥有了如拉尔夫·托莱达诺（Ralph De Toledano）等最早的一批传记作家。

第 3 章

冉冉升起的新星

尼克松对共产主义者态度强硬,不论对方只是假想敌还是确有其人,这一点让他备受争议。他的名声是一把双刃剑,未来他注定要成为一个两极化的形象。

1959年7月，莫斯科，尼克松与赫鲁晓夫激烈辩论

第 3 章 冉冉升起的新星

到了 20 世纪 40 年代末，虽然尼克松步入政界只有短短几年时间，但他已然成为共和党内一颗冉冉升起的新星，名声远播。尼克松对共产主义者态度强硬，不论对方只是假想敌还是确有其人，这一点让他备受争议。他的名声是一把双刃剑，未来他注定要成为一个两极化的形象。1950 年，尼克松竞选参议员，对手是民主党众议员兼演员的海伦·嘉哈根·道格拉丝（Helen Gahagan Douglas）。竞选活动再次引发了争议。尼克松风头正盛，将自由派的道格拉丝成功地标榜为好莱坞及左翼极端主义的同情者。据称他还把对手描述成"（从外衣）到内衣都是粉红色①的"。其实，即便在某些民主党人看来，道格拉丝也几乎称不上是个左派分子。

至于尼克松最得力的竞选手段，是他发行的 50 万份"粉色传单"，暗指道格拉丝所获选票与她对共产主义的同情态度有关。当年秋天，尼克松取得决定性胜利，成为参议院最年轻的议员。他开始充实自己的反共理念，公开反对苏联的核扩张。并且，借

---

① "粉红色"指政治观点左倾的人士。——译者注

助这个新的政治舞台，尼克松开始大肆批判杜鲁门总统，尤其诟病对方处理朝鲜战争的方式和解雇道格拉斯·麦克阿瑟（Douglas MacArthur）将军等问题。在阿拉斯加和夏威夷的州资格等争议较小的问题上，尼克松持赞成立场，并投票支持公民权利法案的出台。

在 1952 年的总统竞选中，尼克松成为德怀特·D. 艾森豪威尔的竞选搭档。如果不出意外，1953 年总统就职之日，年仅四十岁的尼克松就将成为美国历史上最年轻的副总统之一。但是，竞选的过程并非一帆风顺。1952 年 9 月，《纽约邮报》发表一篇文章，声称尼克松在竞选资助中设有一笔秘密基金，用作自己的个人花费。有意思的是，透露消息的并不是民主党人，而是共和党的厄尔·沃伦（Earl Warren）一派。尼克松反驳说，基金并非私用，而是仅仅花费于正当的政治活动。但无论真相如何，艾森豪威尔迫于负面宣传的压力，开始考虑取消尼克松的竞选资格。

接下来，事态发生了戏剧性转变。1952 年 9 月 23 日，尼克松发表了全国电视演说，为自己进行辩护。当时，妻子帕特坐在他身旁，尼克松面对镜头，详细公开了自己的财务状况。一个竞选国家公职的候选人选择公开自己的纳税单，这在全美尚属首例。尼克松强调自己节俭度日，特别指出妻子平日从不穿毛皮大衣，只穿"得体的共和党式布外衣"。这无疑是对支持杜鲁门的民主党人的有力反击。尼克松承认有人确实送给自己一只黑白色的可卡犬，但他并不打算归还，因为女儿们十分喜欢，还给它取名"切克斯"(Checkers)①。这次演讲也因此被称为"切克斯演讲"。尼克松抛开艾森豪威尔和共和党全国委员会,把自己的去留交由民众决定,鼓励他们给共和党全国委员会发电报表达看法。如果民众支持他,他便留下,否则便自愿离去。尼克松表示,不论结果如何,自己都会信守承诺。此举最终为尼克松赢得了压倒性优势,艾森豪威尔别无选择,只得保留尼克松的竞选资格。尽管日后有很多作者写到尼克松与媒体向来不和,但尼克松确实深谙利用媒体之道,这便是他政治生涯早期的一个例证。

1953年1月,在艾森豪威尔赢得总统大选之后,尼克松正式接任副总统一职,并在艾森豪威尔的第二个总统任期内获得连任。按照宪法规定,副总统的权责十分有限,但尼克松切实扩展了自己的职权范围。正是在这段时间内,尼克松结识了很多核心人物,这在他日后的政治生涯尤其是总统执政时期将发挥重要作用。尼克松在艾森豪威尔的支持下接触了外交及政策制定事务,其所涉事务范围之广是之前任何一位副总统都无法企及的。尼克松还参加了国家安全委员会的诸多会议,并在艾森豪威尔缺席时主持工作。

在通过关键性法律的过程中,尼克松发挥了举足轻重的作用,其中就包括1957年的《民权法》。此法创建了美国民权委员会并保护了公民选举权。在今日看来,这项法案的通过似乎应更多地归功于当时的参议院民主党多数派领袖林登·约翰逊

---

① 原指在黑白相间的国际象棋盘上玩的一种游戏。——译者注

(Lyndon Johnson),但是,在约翰逊把法案交由参议院表决前,他实际上弱化了法案的力度。在外交事务方面,尼克松和帕特代表艾森豪威尔总统多次出访,取得了丰硕的成果。1958年他们去拉丁美洲访问时,车队在委内瑞拉首府加拉加斯遭到反美抗议者袭击。袭击者朝尼克松所乘轿车投掷石块,造成车窗碎裂、车体严重受损,随行的委内瑞拉外交部部长不幸受伤。在车辆遭受巨大破坏的现场照片刊登之后,由于在事故中临危镇静的表现,尼克松的国际声望一跃而起。

1957年3月,尼克松到访非洲,为当地提供经济及军事援助,此行也让他成为当时出访利比亚的美国最高级别外交官。1959年7月,尼克松出席了在莫斯科举办的美国国家展览会。7月24日,尼克松与时任苏共中央第一书记的尼基塔·赫鲁晓夫(Nikita Khrushchev)一起参观展览,走到一处样板住宅的厨房展台旁,两人展开了激烈的辩论,即著名的"厨房辩论"。现场拍摄的一张照片后来广为人知,人们还可以从中看到另外两位人物的身影——未来的苏联领导人列昂尼德·勃列日涅夫(Leonid Brezhnev)和日后尼克松的演讲撰稿人威廉·萨菲尔(William Safire)。在展览现场,尼克松激昂地陈述资本主义的优越性,还谈到苏联体制注定会失败、赫鲁晓夫的孙辈将迎来自由的社会。随着关于尼克松的传记著作的增加,"厨房辩论"的很多细节也逐步被公众知晓,《纽约先驱论坛报》专栏作家、持友好立场的厄尔·梅佐(Earl Mazo)的传记作品就是一例。"厨房辩论"为尼克松赢得了广泛的声誉,对于美国人来说,这确实是一场很特别的交锋。

第 4 章

下野后的回归

在整个 20 世纪 60 年代，尼克松也许无缘政界，但他仍然是一名公众人物。他几次出访海外，所到之处的政府仍将他当作在职的美国政治人物对待。两度竞选落败并没有夺走尼克松的光芒。从年龄上说，他仍有机会重返政坛。

艾森豪威尔与尼克松，1960 年

第 4 章　下野后的回归

　　20 世纪 60 年代对于尼克松来说是悲喜交加的 10 年。从一开始遭遇重大挫折到最终坐上政治权力的宝座,尼克松跨越了从谷底到山巅的漫漫征途。即使在征程的最后一刻,他也完全不似那个最有可能的胜出者。1960 年,尼克松以现任副总统的身份参与总统竞选,还未卸任的艾森豪威尔总统对他也表示了公开支持。随着尼克松越来越多地进入公众视线,有关他的传记作品变得更加客观,有的其至持批判态度,贝拉·柯尼泽(Bela Kornitzer)的著作便是其中一例。尼克松曾为柯尼泽安排了多次见面机会,但即便如此,这些作品仍调整了先前的传记文字所普遍持有的友好立场,而随着尼克松在国内政坛的迅速崛起,其传记作品有所调整也实属必然。

　　尼克松在 1960 年的参选是一次基于经验的顺势行动。不论从主观还是客观上来说,尼克松也确实拥有最为有利的政治环境。有人曾说艾森豪威尔并未尽全力支持尼克松参选。然而,就尼克松自身而言,他曾任职于国会两院,在艾森豪威尔麾下当了 8 年副总统。总统本人之前是二战中成功指挥盟军作战的响当当的将军,颇受民众爱戴。因此,尼克松积累的公职经历是其同龄人难以匹敌的。在 1960 年 8 月的共和党党内大会上,尼克松选择马萨诸塞州参议员小亨利·卡伯特·洛奇(Henry Cabot Lodge, Jr.)作为自己的竞选搭档,两者称得上是强强联合。民主党一边,来自马萨诸塞州的参议员约翰·F. 肯尼迪搭档参议院民主党多数派领袖林登·B. 约翰逊参与竞选。对于众多选民来说,他们面临的选择是要么多多少少维持现状,要么把接力棒交给新一代政治家,尽管后者的胜算稍小。

在竞选过程中,肯尼迪深知批评艾森豪威尔就如同批评尼克松,因为尼克松除了继承艾森豪威尔的总统遗产之外,别无选择。例如,肯尼迪批评艾森豪威尔政府放任苏联掌控在核军备竞赛中的领导权,形成所谓的"导弹差距"。但是,日后人们得知这种差距实际上并不存在,此说法不过是出于政治需要才被制造出来的。肯尼迪还表示有必要"让整个国家重新活动起来"。肯尼迪代表着年轻一代,立志把这个国家带入一个新时代。从外表上看,他年纪轻轻、充满活力,与艾森豪威尔形成了鲜明对比。如果尼克松一味肯定艾森豪威尔,便很难驳倒肯尼迪,而事实上尼克松也从未批评过艾森豪威尔。尼克松和肯尼迪的竞赛中,肯尼迪成功地展示了自己技高一筹的姿态,同时让选民对他的天主教徒身份不再排斥。

1960 年的总统选举还有一个令人瞩目的地方,即它开创了美国总统候选人进行电视辩论的传统。电视辩论共有四场,在进行首场辩论之前,尼克松生了一场病,还未痊愈便坐到了镜头前。尽管略微化了点妆,但他仍然显得面容憔悴、忐忑不安,而一旁的肯尼迪则是精力充沛、神情轻松,其古铜色的皮肤也十分引人注意。有报道称,当时观看电视辩论的民众认为肯尼迪表现更佳,而通过广播收听辩论的人则认为尼克松更胜一筹。1960年11月,选举结果公布,尼克松以0.2%的选票之差惜败肯尼迪。一些人坚称是电视辩论影响了选举结果,另一些人则认为既然大多数民众是通过广播收听这场辩论的,那么尼克松在镜头之下的状态并不重要。

面对这样的选举结果,尼克松本可以对得克萨斯州和伊利诺伊州等地的选举违规现象提出合法指控以扭转局面。一直以来,伊利诺伊的库克县(芝加哥市所在地)和得克萨斯南部地区都以选举记录不忠而知名。然而,尼克松并没有质疑选举结果,还坚称这么做是为了避免把国家带入一场宪政危机。最终,肯尼迪政府给尼克松提供了一个职位,但尼克松拒绝接受。在尼克松的后半生,他一直对肯尼迪家族充满愤恨,对于那些他自认为在1960年与其作对的机构,如美联储、东部权势集团、媒体以及中央情报局等,他同样愤恨不已。只不过对于肯尼迪家族,尼克松又始终夹杂着钦佩的情感。

大选过后,尼克松带着家人回到了加利福尼亚。他重新选择了律师的行当,还写了一本名为《六次危机》的畅销书。但是,尼克松淡出政坛的日子并没有维持很长时间。1962年,加州的共和党领袖鼓励他与时任加州州长的帕特·布朗(Pat Brown)展开竞争,角逐州长一职。关于尼克松本人对此职位有多大兴趣,人们众说纷纭、莫衷一是。但事后看来,他显然不太适合这个职位。比起国内政策或是州和地方政府一级的琐碎事务，尼克松显然更加热衷于国际事务。但是，过去十年间不间断的公职经历让尼克松急切地想要返回政坛。他决定参选州长。

从一开始，1962年的竞选就注定是一场失败。竞选干事由H. R."鲍勃"·霍尔德曼（H. R."Bob" Haldeman）担任，他是一位年轻有为的广告经理，也是尼克松1956年竞选副总统和1960年竞选总统时的先遣团队成员。虽然尼克松之前从未表达过对州长一职的兴趣，但他确实渴望留在政坛。尼克松担任过三类最高层次的公职。如今，竞选总统失利后，如果能执掌最富活力的加州，他便可以重新恢复名望并继续活跃于国内政坛。但是，尼克松在州长的竞选中一败涂地，他不得不再次面对与1960年选举落败相似的痛苦经历。尼克松在事后才认识到：参选州长根本就是一个错误的决定。尼克松在参选伊始便被质疑他的唯一动机只是要挽回两年前总统选举的败局。何况，在过去的十几年里，尼克松很少在加州生活。他刚刚总统败选，即便是被对方以微弱优势胜出，这也很难说明他就能胜任州长一职。尼克松与布朗的选票结果差距惊人，超出了30万张选票。尼克松的政治生涯看似已经结束。在选举结果公布的第二天早晨，尼克松召开了一场新闻发布会，痛斥媒体对其竞选过程的负面报道。他说："先生们，你们以后再也别想对尼克松动粗了，因为这是我最后一场新闻发布会。"尼克松的言下之意很清楚，他再也不会竞选公职了。此时的尼克松，正处于职业生涯的最低点。

尼克松回归了家庭生活，但并没有完全从公众的视野里消失。在整个20世纪60年代，尼克松也许无缘政界，但他仍然是一名公众人物。他几次出访海外，所到之处的政府仍将他当作在职的美国政治人物对待。在某些时候，比起更加热衷于国内事务的林登·约翰逊总统①，尼克松与外国领导人的关系更加亲密。两度竞选落败并没有夺走尼克松的光芒。从年龄上说，他仍有机会重返政坛。他举家搬迁到纽约，成为尼克松、麦基、罗斯、格斯里和亚历山大律师事务所的高级合伙人。同时，尼克松积极参与政治事务，帮助巴里·戈德华特（Barry Goldwater）和共和党党内国会议员备战1964年的总统选举。虽然尼克松自己不是候选人，但他仍被视为国际关系方面的专家。与1960年和1962年两次参选时相比，此时的他显得更为精明老练，一个最好的例子便是其在1967年《外交》上发表的一篇题为《越南后的亚洲》（Asia After Vietnam）的文章，在文中，尼克松建议改变20年来孤立中国的立场并与之建立邦交关系。1967年，尼克松还3次出访海外，每次都选择不同地区的国家做实情调查，以期为未来有机会再次参选总统做准备。他还逐步建立起一个幕僚团队，成员包括罗丝·玛丽·伍兹（Rose Mary Woods），帕特·布坎南（Pat Buchanan）以及雷·普赖斯（Ray Price），这些人日后也都成为了尼克松总统班底的关键人物。

---

① 1963年，肯尼迪总统在得克萨斯州遇刺身亡，副总统林登·约翰逊就职，成为美国第36任总统，1964年连任。——译者注

第 5 章

1968 年总统选举

尼克松也许不是众人心中的第一人选,但他的竞争对手实在有些不成气候。尼克松把自己定位为改变现状的人,在美国陷于越战及国内街头暴力的情况下,这种定位可以说恰逢其时。

1968年11月,尼克松当选美国总统

在犹豫了一段时间之后，理查德·尼克松于1968年2月1日宣布参加总统竞选。在整个竞选过程中，尼克松刻画的自我形象是非理性时代的理性选择，这暗指20世纪60年代社会的不安定局面。尼克松选择马里兰州的州长斯皮罗·阿格纽（Spiro Agnew）作为竞选搭档，两人对反战及反正统文化运动提出批判，称其不仅过了头，还会带来颠覆性的后果。尼克松承诺将"倡导法律和秩序"，结果这却被一些人认为是一句恶心的委婉语，旨在分散竞争对手的选票，将亚拉巴马州州长、种族隔离支持者乔治·华莱士（George Wallace）置于不利地位。但是对尼克松的支持者而言，他们看到了一个清楚的信号，即尼克松承诺让近年频遭暴力扰的城市和街道回归安全。对于竞选中最大的外交政策议题，即越战问题，尼克松承诺将实施一项新的计划并誉之为"光荣的和平"。他几乎没有披露计划的具体细节，这一做法后来被证明对此次选举有利有弊：一方面，尼克松不持有明确立场，这让他在选举中有一定的灵活度；但另一方面，人们也指责，关于如何结束越南战争（简称"越战"），尼克松并不能拿出比以往更好的方案。

而在此时，民主党陷入了政治骚乱，提出"伟大社会"纲领的传统的自由主义者慢慢退下阵来。1968年3月31日，时任总统林登·B. 约翰逊在一场全国电视讲话中宣布不会再次参选。此时正值越战"春节攻势"① 发生后不久，显然，这代表越战进展得并不顺利。总统的这个决定使竞选中民主党领袖出现空缺，潜在的竞争者开始行动起来，加入竞选阵营。其中，纽约州参议员罗伯特·F. 肯尼迪（Robert F. Kennedy）仅仅用了6周时间便遥遥领先于其他竞争对手，但不幸的是，当年6月，罗伯特·肯尼迪在加州预选获胜后便在洛杉矶大使馆酒店被一个名为瑟罕（Sirhan）的人枪杀，而此前不久的4月在田纳西州孟菲斯市，杰出的民权领袖马丁·路德·金（Martin Luther King）也是遇刺身亡。

罗伯特·肯尼迪逝世后，副总统休伯特·汉弗莱（Hubert Humphrey）成为民主党的热门候选人。但是，汉弗莱并没有获得民主党党内所有派别的支持，就连林登·约翰逊总统也表现得有些摇摆不定。汉弗莱属于民主党左派，曾经是北部明尼苏达州的参议员，并且支持民权运动。越战期间，党内自由派人士对他的支持慢慢消减，一些民主党人期待汉弗莱能够以副总统之职让政府在越战问题上采取更为温和的态度。汉弗莱的批评者难以理解为何每每在约翰逊总统失策之时，一向富有原则的

---

① 1968年1月底，正值越南新年，越南民主共和国人民军和越南共产党游击队对越南共和国伪政府军发动突袭。虽然越南民主共和国部队遭受到美军压倒性的武力打击，但其强大力量动摇了美国的信心并催促其开始考虑撤兵。——译者注

汉弗莱选择沉默不言。但是，随着约翰逊和肯尼迪不再位列候选名录，民主党领导人除了选择汉弗莱之外，似乎别无他法。相比于仅剩的另一名候选人——明尼苏达州参议员尤金·麦卡锡（Eugene McCarthy），作为现任副总统的汉弗莱显然胜算更大。因此，在民主党全国大会上，汉弗莱轻易打败麦卡锡获得党内提名。

然而，民主党大会上抗议者和芝加哥警局之间发生的暴力冲突似乎显示出民主党大势已去，无法应对整个国家面临的危机。批评者们指出，既然民主党无法控制其内部会议的暴力事件，又何谈能给国家带来和平。有些人认为，民主党自1961年以来一直领导白宫，现在是时候给共和党人一次机会了。尼克松也许不是众人心中的第一人选，但他的竞争对手实在有些不成气候。尼克松把自己定位为改变现状的人，在美国陷于越战及国内街头暴力的情况下，这种定位可以说恰逢其时。

1968年11月5日，尼克松以约50万张选票的优势（见表5-1），打败对手汉弗莱，成为美国第37任总统。

表5-1　　　　　　　1968年美国大选得票情况

1968年总统选举	选举人票	获得多数票的州数目	普选票
尼克松（共和党）	301	32	31 783 783
汉弗莱（民主党）	191	13（+华盛顿特区）	31 271 839
华莱士（独立党派）	46	5	9 901 118

1969年1月20日，尼克松宣誓就职。摆在这位新总统面前的政局艰险万分。尼克松深知，自己仅是以约50万张选票的优

势获胜的，因此他并不准备对现行政策做大幅调整。在林登·约翰逊政府的两大核心问题——种族和越战问题上，国内政坛分歧巨大，同时国会两院中民主党占据多数席位。整个国家内伤未愈，国外的盟友和宿敌也密切关注着美国的情况。尼克松任重而道远。

第 6 章

争取盟友

"总统先生认为美国与西欧的关系是至关重要的——因为西欧是美国历时最长且关系最为亲密的盟友,没有欧洲的参与,要取得全球范围的稳定是不可想象的。美国帮助建立的战后同盟关系已经持续了 25 年,这是美国在外交领域的最伟大成果。"

——亨利·基辛格

1969年2月28日《时代周刊》封面

第 6 章　争取盟友

1969 年 2 月 6 日，尼克松在就职总统仅两周之后，就宣布自己的首次出国访问地将选择欧洲。"我很高兴地告诉大家，与相关国家元首和政府首脑协商之后，我决定于本月末出访西欧。目的地依次是布鲁塞尔、伦敦、波恩、柏林、罗马和巴黎。"战后时期已经结束，尼克松正计划开启一个全新时代。欧洲方面的答复十分肯定，欧洲共同体发布了一条官方声明，称"欧洲共同体委员会（European Commission）与阁下同心协力，为我们共同面临的问题寻求建设性的解决办法。"被任命为总统国家安全事务助理的亨利·A. 基辛格（Henry A. Kissinger）开始安排出访行程，包括总统与高级别政府代表的例行双边会议以及与学术界、商界领袖和文化界精英的会晤。相较之下，尼克松更为忧虑后者，他曾说："主啊，我讨厌与知识分子共度时光。他们总是有点女性化。我宁愿与运动员谈话。"尼克松日后也表示这将是基辛格第一次也是最后一次为他安排行程。

对于欧洲，尼克松并不陌生。在他从政的漫长岁月里，不论是通过官方出访还是私人交往，他几乎熟识战后欧洲各国的每一位政治领袖。事实上，他第一次代表官方出访欧洲，还是在 1947

年作为众议院新人的时候。当时马歇尔计划正在酝酿中，为确定美国的经济援助方案，尼克松与赫脱委员会一起负责研究受援国的实际需要和已有资源。援助总额最后合计130亿美元，是美国有史以来最大金额的单笔对外援助支出。

尼克松在国内政坛崭露头角之际，适逢北大西洋公约组织（简称"北约"）的创立以及欧洲一体化运动的兴起，后者催生了如欧洲煤钢共同体①及欧洲经济共同体②等第一批欧洲机构。尼克松支持欧洲重建的立场一直贯穿于他担任众议员、参议员及副总统的整个时期。尼克松的发迹始于冷战早期及柏林空运事件，他在众议院非美活动调查委员会的作为巩固了他在国内外对抗共产主义的名声。尼克松曾经为20世纪40年代后期和50年代苏联对中东欧的镇压行动感到担心。1959年，尼克松通过著名的"厨房辩论"与尼基塔·赫鲁晓夫展开激烈对抗。这一系列事件帮助尼克松在20世纪60年代那段"下野的岁月"里形成了自己的世界观。他在那段时间里见证了柏林墙的筑起以及古巴导弹危机的始末，在出访欧洲时，对方把他视为国家元首来进行接待。在

---

① 欧洲煤钢共同体是1951年法国、联邦德国、意大利、荷兰、比利时和卢森堡通过签署《巴黎条约》而成立的组织，旨在使成员国的煤炭和钢铁工业一体化，成立一个煤钢共同市场。——译者注

② 欧洲经济共同体是1957年上述六国通过签署《罗马条约》而成立的组织，旨在发展成员国经济，使之形成共同市场。根据《罗马条约》，它们同时还成立了欧洲原子能共同体。1965年，六国签订《布鲁塞尔条约》，决定将欧洲煤钢共同体、欧洲原子能共同体和欧洲经济共同体统一起来，合并形成欧洲共同体（欧共体）。1993年，欧共体成员以欧共体为基础成立了欧洲联盟。——译者注

1963年的一次访欧行程中，尼克松会见了戴高乐和阿登纳，双方不仅探讨了发展大西洋两岸关系，还谈到了美国应该采取何种对华政策。沉寂于国内政坛的尼克松在国际舞台上显得十分活跃。尼克松提升了自己的个人形象，持久地参与欧洲事务。在尼克松一生中的很多时间里，其外交成果主要是围绕欧洲展开的。与他"同时代的巨人"中有很多欧洲政治精英，如夏尔·戴高乐（Charles de Gaulle）、温斯顿·丘吉尔（Winston Churchill）、康拉德·阿登纳（Konrad Adenauer）以及让·莫内（Jean Monnet）。

尼克松与许多欧洲国家的领导人本就是旧识，加上他刚刚上任就决定出访西欧，作者认为，正是这两个因素促成了尼克松日后所取得的一系列卓越外交成果。这位新上任的美国总统在访问期间并不需要浪费时间去熟悉欧洲各国领导人。尼克松不仅了解他们，也了解这些人的反对派领袖以及多位欧洲商界和学术界精英。尼克松感谢这些人在20世纪60年代对自己给予的支持。对于这些人而言，他们也熟悉尼克松以及他一贯支持欧洲的立场。因此，双方并不需要像新近认识的领导人一样通过各种谈话和仪式来建立信任。尼克松直接与对方商谈关于全面修正美国外交政策的计划，内容包括恢复跨大西洋关系、结束越战、缓和对苏关系以及与中国恢复邦交正常化。尼克松能如此迅速且大刀阔斧地调整美国的外交政策，得益于他入主白宫之前积累的访欧成果以及他与各国领导人之间深厚的交情。

本章内容主要有以下几点：尼克松执政前美欧关系概述，尼克松作为新任总统致力于与法国、联邦德国和英国重建良好外交关系以及在尼克松当选前及执政初此三国的国内政局概述。本章关注的焦点是尼克松执政两年内的大西洋两岸关系。这不仅是尼克松政府外交政策的出发点，也是在其日后推行政策和遭遇危机之前审视美欧关系的最佳切入点。

尼克松是战后欧洲的长期观察家，在1969年就任总统后把欧洲定为新政府外事工作的起点，这对他来讲，是十分自然和轻松的。在尼克松就职前夕，新班底一致认可把欧洲作为外事访问的第一站。备受信任的竞选助理罗伯特·埃尔斯沃思（Robert Ellsworth）认为："欧洲人深知美苏有必要建立一种特殊关系，但是随着美苏关系的发展，他们又深深关心自己的利益是否会被损害。如果尼克松可以在访问莫斯科之前先行访欧，他们也就心满意足了。"1968年12月，尼克松与一名欧洲委员会代表举行了会谈，之后该委员会收到的一份报告称："在这次长时间的会谈中，报告人认识到尼克松先生对欧洲事务的关注将为现有欧洲机构带来新的希望和活力。"尼克松的参谋团成员还包括约翰·J. 麦克洛伊（John J. McCloy），在后来的五年里他完成了尼克松和基辛格交托的众多工作任务。事实上，两党的部门也经常咨询他的意见，他接受的政府公职邀约在20世纪60年代可能是最多的。麦克洛伊经常说他身处政局之外才能发挥更大作用，而身为律所合伙人及大通曼哈顿银行的高层，他的价值确实是非比寻常的。

亨利·基辛格尤其重用麦克洛伊。基辛格总结说："他（麦克洛伊）十分赞同您（尼克松总统）在竞选中的言论，即我们必须强化与西欧的关系，然后再与苏联展开谈判。"尼克松也指出，

1969年出访欧洲旨在"加强关于在美国与西欧盟友之间发展最亲密关系的承诺……我们的同盟在成立最初的 20 年里因为共同的担心而牢不可破，现在要为共同的目标增进凝聚力。"亨利·基辛格还公开宣称欧洲对于新总统的重要性，他在数次演讲中提道："总统先生认为美国与西欧的关系是至关重要的——因为西欧是美国历时最长且关系最为亲密的盟友，没有欧洲的参与，要取得全球范围的稳定是不可想象的。美国帮助建立的战后同盟关系已经持续了 25 年，这是美国在外交领域最伟大的成果。"

尼克松访欧还有另外的用意。在前任总统约翰逊执政时期，美国已经是内外交困，国内局势混乱不堪，外交政策不得人心。美国卷入越战，与法国等欧洲国家也并不交好。一种同时代的观点甚至认为，如果说 19 世纪 60 年代是一场真正的内战，那么 20 世纪 60 年代便是内战的代名词。尼克松在自己的回忆录中讲，1969 年年初他想让全世界看到他这位新任总统并不执着于越战，同时让国内人民注意到即使他反对越战，也仍然可以赢得国际社会的尊重甚至是热烈欢迎。当然，尼克松此行将会见的欧洲各国领袖也意识到了尼克松对于国内社会的用意。尼克松在执政初期曾给英国首相哈罗德·威尔逊（Harold Wilson）写了一封信，在信中他表示："我一直以来都觉得此届政府的第一要务是尽早与阁下及其他西欧政府首脑会面。为维持强大而健康的同盟关系，信心是至关重要的，而我们要谈的有很多。"对于尼克松在其他问题上的看法，欧洲方面也早有了解，包括尼克松一直怀疑能否尽快与越南民主共和国达成协定。在尼克松总统 1969 年 2 月至 3

月这次历史性的访问中,他经常说西欧只有四国至关重要:联邦德国、英国、法国和意大利。这次出访也为之后五年的美欧关系定下了最后的基调。不论是出于主动求助还是不得已的目的,尼克松认真倾听欧洲的关切,不时与对方真诚地交换意见,但日后他在私底下又会有自己的定论。即使是备受推崇的像夏尔·戴高乐这样的外国领导人,也同样被尼克松归于"内阁参事"之列,对于美国总统而言,即使是这些颇有威望的政治家也仅仅是他的"幕僚",这些人的建言可以完全被采纳,也可以被彻底忽视。

但是,尼克松仍然注意倾听欧洲领导人的意见,在 1969 年和 1970 年尤其如此。事实上,从 1969 年尼克松与欧洲各国领导人举行的广泛会谈的记录中,我们可以发现尼克松政府在外交领域的特点。尼克松对戴高乐和威尔逊等领导人提出这样的假想问题:"比如说,您认为苏联方面对于武器谈判的兴趣有多大?"尼克松善于揣测对方的反应,估量自己可以获得多少帮助。对于能够帮助自己的领导人,尼克松建立了一套被称为"秘密渠道"的私人通信系统,用于华盛顿与巴黎、波恩和伦敦等地的联络。白宫直接和这些欧洲政府的最高层进行联系,免去了复杂的程序。程序化的做法通常是:白宫的消息先是通过国务院向对方的美国使馆发送电报,再由大使或代办进行转达,原件内容则由外交信使负责递送。当时,美国的国务卿威廉·罗杰斯(William Rogers)是一名备受信任的幕僚,他与尼克松的关系可以追溯到 20 世纪 40 年代,但他倾向于处理那些不需尼克松或基辛格亲自关注的事务。一位内部人士曾评论说:"(罗杰斯)对欧洲所知不多,对于外事也并不在行。"尼克松也不止一次地说过"国务院应该有人领导"的话。他还这样评价罗杰斯："是国务院在管理他，而不是受他管理……他一旦下台，定会招人批评，他没有任何让人喜欢的理由。"

虽然疏远国务卿的做法在美国政府早有先例，但尼克松的做法更甚，他建立了一套外交政策的替代机制。国家安全委员会的法定职责原本局限在政府各部门和总统之间传达信息，而尼克松打破了这一限制，表示："在需要总统决策的政策问题上，国家安全委员会将是主要的磋商平台。"在尼克松的运作下，国务院常常处于被完全无视的状态，与之境况类似的机构还包括国防部、国会、美国各使馆及领事馆。即使是尼克松最亲密的政府成员，也无从得知总统任何一场秘密会谈的内容，最多就只是了解一些零散的信息。在尼克松看来，采取这些严厉的措施很有必要，甚至应该成为一种惯例，尤其是在面对苏联和中国这样同等神秘的对手的时候。

但是，在尼克松的宏伟计划中，真正的独特之处在于欧洲成为了一个中间方或是一种秘密渠道，用来帮助尼克松和基辛格日后在越南、苏联和中国问题上取得突破。类似扩大外交决策机制的做法，尼克松首先判断哪些欧洲国家领导人值得信任，之后再指定一名受信任的、可以与每位领导人取得直接联系的中间人。在尼克松的总统任期内，除了鲜有的几次例外，这种方法是白宫与欧洲主要盟友之间的固定通信模式。在法国方面，尼克松主要依赖弗农·沃尔特斯（Vernon Walters）。虽然沃尔特斯受过的正规教育有限,但他能流利地讲六国语言,甚至夏尔·戴高乐也称赞他讲法语"口才很好"。有时,尼克松会直接和法国总统乔治·蓬皮杜(Georges Pompidou)联系,或是让阿瑟·华特生(Arthur Watson)作为中间人。蓬皮杜私下里协助亨利·基辛格进行了对巴黎的数次秘密访问,包括安排地面交通,甚至使用总统专机秘密接送尼克松的这位国家安全委员。在联邦德国方面,联系人通常是威利·勃兰特(Willy Brandt)总理的助理埃贡·巴尔(Egon Bahr)。然而,尼克松和基辛格有时又不完全信任巴尔,这时他们便与勃兰特办公室直接联系,或者联系美国驻联邦德国大使肯尼思·拉什(Kenneth Rush)。美国大使鲜有佐政,但拉什却是许多秘密活动的先头兵,他安排过长达 17 个月之久并最终产生《西柏林协定》的一系列谈判。在英国方面,尼克松经常直接联系唐宁街十号私人办公室或英国外交和联邦事务部的秘书办公室。至于这些机构是由保守党还是工党领导,尼克松并不觉得有多大分别,虽然人们事后判断他与工党领袖打交道似乎更加容易。美国驻英国大使沃尔特·安嫩伯格(Walter Annenberg)偶尔会参与密谈,但在大多数时间里他还是会被排除在外。最后值得一提的是,尼克松一旦对某人形成了强烈的第一印象,之后便很少改变自己的看法。如果他认为对方国家足够谨慎且可以在双边会谈中发挥作用,尼克松就会迅速确定具体的外交议题,如越南、北约或是东西方关系。但在诸多盟友中,能真正参与会谈的往往为数甚少。

1969 年,新任总统尼克松接触到的欧洲,刚走完了欧洲一体化进程中的第一个十年。关税同盟先于原计划建成,共同农业政策虽然不尽完善,但也已经出台。产品、服务和劳动力得以在欧洲共同体之内自由流动,欧洲贸易在20世纪60年代取得大幅度增长。尽管如此,在尼克松的第一个总统任期之初,仍有许多问题悬而未决。英国永远无法加入共同体吗?事实也许如此,只要法国不经历政权更迭,此事就难有新的进展。法国是否会制造又一起空椅子危机①?既然卢森堡妥协②已经达成,如果法国还选择这么做,共同体的日常运行就会再度中止。此外,欧洲能否克服琼·雅克·塞尔旺-施赖伯(Jean-Jacques Servan-Schreiber)所说的《美国的挑战》(*The American Challenge*)③?虽然历届美国政府一贯对欧洲一体化表示支持,但支持的力度是有区别的。自1958年欧洲经济共同体下属机构在布鲁塞尔成立以来,没有一位美国总统到访过这座城市。虽然欧洲共同体委员会前任主席沃尔特·哈尔斯坦(Walter Hallstein)和琼·雷伊(Jean Rey)访美时曾经受到总统接见,但弱化这种互动有时是符合双方利益的。毕竟,正是哈尔斯坦在肯尼迪执政时期访美,才促使法国总统夏尔·戴高乐发起反对哈尔斯坦的运动并最终使其离任主席一职。

---

① 对于把共同体内部的决策机制从一致通过变为多数赞成的提议,戴高乐认为后者将损害大国的独立性,因此采取了消极抵制的"空椅子政策",连续六个月缺席欧共体会议。——译者注

② 1966年,欧共体与法国达成妥协,其他成员国都做出让步,同意法国提出的决策机制的全体一致原则。——译者注

③ 作者在书中预言,到1990年左右,世界上4/5的制造业将掌握在最多15个美国的跨国公司手中。——译者注

欧洲大陆习惯了美国在战后参与其内部事务，这片土地长期以来就是战争的发源地，二战已经让这片土地破败不堪，而美国的援助和干预在很大程度上抚平了这种创伤。与欧洲永久结盟，也是美国战后外交政策的基石，即保护欧洲不受苏联威胁，并且欧美双方互不交恶。时至今日，美欧的盟友关系仍旧在维持。在尼克松总统1969年访欧之前，除了约翰逊总统在1967年因参加康拉德·阿登纳的葬礼而在欧洲短暂停留外，只有约翰·F. 肯尼迪曾于1963年6月到访过欧洲。肯尼迪政府处理欧洲事务的效率是值得肯定的。在肯尼迪就职数天后，欧洲事务便被列为"必须尽快做出决定的问题"而享有决策上的优先权。据乔治·鲍尔（George Ball）回忆，肯尼迪对欧洲问题的决断能力是其父亲不断推动的结果，肯尼迪的父亲曾担任驻英大使。在美欧关系上，肯尼迪也是最后一位取得广泛成果的美国总统。事实上，在肯尼迪的葬礼当天，法国总统夏尔·戴高乐甚至也表示肯尼迪"从内心来说是一位欧洲人"，这应该是一位美国总统从戴高乐将军那里获得的最高赞誉。戴高乐认为肯尼迪是第一个愿意倾听自己意见的美国领导人，还有传言称他觉得对方看起来像是一位"助理发型师"。戴高乐对这位年轻总统的信任始于1962年10月，当时，前总统哈里·杜鲁门（Harry Truman）的国务卿迪安·艾奇逊（Dean Acheson）被先后派往伦敦和巴黎，向时任英国首相哈罗德·麦克米伦（Harold Macmillan）和法国总统夏尔·戴高乐展示苏联在古巴所安装导弹的空中监控图片。与麦克米伦不一样，戴高乐对放在自己面前的照片不予理睬，但如果换成是美国总统说出苏联安置导弹一事，戴高乐便会买账了。戴高乐这种下意识的反应，显示了他对肯尼迪的尊重，尽管事实上美国把英国看成更亲密的盟友。

夏尔·戴高乐因在战时担任"自由法国"抵抗组织的领袖而蜚声海内外，同时也赢得了美国历任政府的尊重。虽然法美关系在20世纪60年代后半期陷入紧张局面，但戴高乐在1958年掌权时，美国对他是欢迎的。戴高乐是法兰西第五共和国的总统，他执掌的政府被认为比短暂无能的第四共和国政府要进步不少。但是，在1963年法国否决英国加入欧洲经济共同体的资格后，戴高乐在欧洲范围内的自主权扩大，这使得美国开始日益依靠共同体的其他五个成员国——比利时、联邦德国、意大利、卢森堡和荷兰。在法美之间缺少有效对话的时期，美国可以借此制约对方肆无忌惮的行为。戴高乐知道有很多人反对自己的政策，他甚至把这种态度的根源说成是"国际犹太主义、华尔街及《纽约时报》"。在肯尼迪遇刺后，继任总统林登·约翰逊似乎在跨大西洋两岸关系上停留于前任的政策，这位来自得克萨斯州的总统在美国的东西海岸并不太受欢迎，更不用说在法国了。像肯尼迪一样，约翰逊反对戴高乐重塑欧洲的计划，并拒绝了对方让美国从联邦德国撤军的要求。在约翰逊执政时期，传言戴高乐曾扼腕叹息："唉，如果肯尼迪还在的话。"就约翰逊政府的对外政策而言，欧洲的重要性远远不及越南或是内政这样的紧迫议题。

随着理查德·尼克松于1969年1月入主白宫，大西洋两岸关系进入了一个新的发展阶段。得克萨斯人的时代已经一去不复返了。有一种言论指出，这位新任总统组建了一支经验丰富并在某种程度上具有相同特征的政府班底，其成员年纪都在43~63岁之间，几乎是清一色的白人且半数都是亿万富翁。尼克松几乎立刻表现出了这样一种姿态，即想要与欧洲尤其是与夏尔·戴高乐统治下的法国重建友好关系。尼克松在1969年2月11日给戴高乐写信说："我真诚希望，在未来几年你我之间可以保持最亲密接触……我希望本月末的会谈可以开启日后一系列的总统会见活动。"两人第一次见面是在1960年4月，当时尼克松设宴招待了这位法国总统，戴高乐还记得那晚自己与口译员闹了矛盾，心情很糟糕，但尼克松假装没注意到他失态的表现，这份细心令戴高乐颇为感动，自此之后他对尼克松便一直有着好印象。宴会过后，戴高乐还断言尼克松"是有前途的"。另外，虽然戴高乐和尼克松在诸如北约、越南及中东问题上存在巨大分歧，但这并未使他与尼克松形成像他和约翰逊之间的那种紧张关系。约翰逊屡屡被戴高乐激怒却又拒绝挑战对方，要么是畏惧于戴高乐在美国的受欢迎程度，要么是担心与之对立反而会助长其名声。

尼克松是因为之前的一次经历而对戴高乐十分敬重的。尼克松在1960年的总统竞选中落败，颜面尽失，但之后却两度受戴高乐邀请分别于1963年和1967年访问爱丽舍宫。借着这样的机会，尼克松得以在下野时期频繁与欧洲各国的政要会面。美国政界领袖在职时都很少寻求与戴高乐保持亲密关系，更不要说在他们退出政坛之后了。但是，对于这位也许是当时全世界最杰出的年长的政治家，尼克松却十分欢迎与之交换意见。

当尼克松于 1969 年重返白宫时，欧洲人并没有忘记这位新任美国领袖与他们曾经的友好关系，在那些日子里，谁都未曾料到尼克松日后会回归政坛并光荣复出。1969 年 3 月，戴高乐前往华盛顿参加前总统德怀特·D. 艾森豪威尔的葬礼，当时戴高乐对尼克松说："我失去了一位伟大的朋友。"尼克松回答道："你还有我这个朋友。"尼克松邀请戴高乐再度访美，可是愿望终未实现。在 1969 年 4 月一次公投失利后，戴高乐突然丧失了政权。尽管如此，尼克松仍然向对方发出访美邀请，戴高乐回复说自己"十分荣幸也十分感动可以受邀。"1970 年 11 月，尼克松得知戴高乐去世的消息后，邀请当时正在美国的戴高乐的孙子查尔斯（Charles），与自己一起乘坐空军一号前往巴黎圣母院参加其祖父的葬礼。

对于尼克松以及出生于德国的国家安全事务助理亨利·基辛格来说，他们都认识到德国将一直是冷战的前沿中心。不仅德国内部分裂成为德意志民主共和国和德意志联邦共和国，德国（在此指分裂的德国）还代表了东西方之间不同阵营、意识形态以及超级大国之间的对峙。德意志联邦共和国自 1949 年成立以来，就一直是北约的同盟国，也十分配合西方各经济组织的活动。此外，在涉及两德关系的各个层面，由基督教民主党领导的联邦德国政府一般采取亲美立场，对民主德国一直表现强硬。联邦德国的这种外交政策因其外交部部长沃尔特·哈尔斯坦而被称为哈尔斯坦主义，它与美国疏远整个东欧的方针是一致的。在哈尔斯坦之后，副总理威利·勃兰特及其幕僚长埃贡·巴尔提出了完全相反的"新东方政策"。不难理解，基辛格对此项政策的第一反应是强烈否定的，他还向同僚激烈地表达过这个看法。"新东方政策"意在与苏联及苏联支持的东欧各国的共产主义政府实现关系正常化。这项政策获得了一些联邦德国人士的支持，他们认为这能根除"国内社会的一种虚伪风气"，即直言不讳地批评欧洲分裂但对推动德国统一却无能为力或无动于衷。"新东方政策"的实施困难重重，不仅因为它与战后联邦德国的外交政策背道而驰，也因为其合法性无法得到确定。毕竟，在联邦德国国内外的政治军事关系上，美、英、法、苏这四个大国几乎包揽了所有的决定权。基辛格的高级助理罗伯特·奥斯古德（Robert Osgood）曾说基辛格"对德国人十分惧怕且不信任，尤其是对那些想与东方交好的人"，其他同僚则更多地对威利·勃兰特及其率领的社会民主党（简称"社民党"）表现出公然的厌恶情绪。社民党从 20 世纪 20 年代起再未参政，1966 年选择加入大联合政府。尽管尼克松本人避免在公共场合做出批评，但他也有过几次疏漏。1969 年 4 月，在华盛顿举行的北约成立 20 周年纪念活动上，尼克松在一场半公开的会谈中警告其他北约成员，让它们不要与苏联阵营"选择性地"进行和解。威利·勃兰特后来指出，"更直白地说，美国意欲拥有最终发言权"。

尼克松和基辛格对英国是十分崇拜的，虽然他们也认识到之前的那个"日不落"帝国一直处于下滑态势。在 1963 年戴高乐否决接纳英国加入欧洲经济共同体之后，由哈罗德·麦克米伦领导的保守党政府未能重新调整英国的外交政策。1967年，哈罗德·威尔逊和他领导的工党政府再次申请加入共同体，却同样无果而终。1969年年初，英法关系由于尴尬的索姆斯事件①再度恶化。整个20世纪60年代，持续走低的英国经济让两大政党在执政时几乎不惜一切代价急切地想要加入共同体，而这种情况在10年前是不可想象的。

尽管如此，尼克松认识到，不论英国是由工党还是由保守党执政，与其保持密切关系十分重要。一方面，英国政府作风谨慎，英国足以成为向莫斯科方面传递消息的受信任的中间人；另一方面，英国也是欧洲时局变化的风向标。此外，与英国维持密切关系还有一个原因：尼克松是一名亲英人士，十分崇拜温斯顿·丘吉尔以及英国议会制，对于"帝国时期"也有着十分浪漫的理解。尼克松个人的秘密磁带录音显示，在白宫椭圆形办公室举行的大大小小的会议上，尼克松曾多次称赞英国政体及英国的文化出口，其话题包含英国议会制、"卓越的"英国外交、君主制以及英国历任和现任领袖的"高智商"。尼克松反复思考，"如果英国足够强大而得以在国际事务上发挥更大作用不是很好吗？英国人是如此地……聪明"。另外一个例子是，当1970年英

---

① 1969年2月，戴高乐在推行其欧洲战略的背景下，私下会见了英国驻法大使索姆斯，向对方提议法国可以与英国联合，创建一个自由贸易体，新机构将以英、法、德、意为领导。英国对于该提议本是求之不得，但由于担心会冒犯其潜在的合作伙伴，英国首相威尔逊将消息泄漏给了德、法等国家，法国由此指责英国背叛了自己对其的信心，该事件也加速了戴高乐的离职。——译者注

国新任首相希思（Heath）胜选时，尼克松给对方打电话祝贺。希思说，英国的体制不像美国，以至于自己只有几天的时间来组建一届完整政府并在第二周就走马上任。尼克松当时挤出的唯一的回应却是："……多好的体制。"不论尼克松是否觉得英国不如从前，他始终觉得英国的对话方与自己最崇拜的偶像、伟大的温斯顿·丘吉尔之间只存在一代的距离。在丘吉尔的晚年，尼克松极力尝试与其建立有意义的接触，但最终无果。

尼克松对于英国加入欧洲经济共同体同样表示支持。虽然这种支持给自二战以来的英美"特殊关系"带来了某种紧张局势，但尼克松认为，英国加入共同体可以与法国形成抗衡，英国本就是美国的重要盟国，也是北约的一个强大成员，美国有理由支持它。英国与欧洲保持密切关系，意味着后者更无可能制定出一套独立的尤其是反美的外交政策。在欧洲范围内，法国一直渴望拥有政治领导权，而英国在军事上有重要地位，联邦德国则在经济上比较优越。出于对欧洲一体化的某种天真的想法，尼克松认为，英国成为欧洲共同体的一员从本质上来说对美国会更加有利。

在理查德·尼克松执政之初，欧洲的整体局势大致如此。基于自己和欧洲领导人之间相互的看法，尼克松为访欧会谈做好了准备，并于1969年2月的最后一周即上任后的第33天正式启程。如此迅速的出访，使尼克松成为了第一个在首次国会演讲之前就会见国外议员的美国总统。尼克松的随行人员有300人之多，日程安排十分周密。但此次出访的启程并不顺利，由于尼克松的幕僚长鲍勃·霍尔德曼（Bob Haldeman）睡过头了，飞往布鲁塞尔的航班不得不推迟。霍尔德曼曾经有过一段作为尼克松的头号护卫的独特经历。后来，出访团派了一辆直升机将霍尔德曼接来，亨利·基辛格不禁面带微笑说道："我们这位偶尔犯错的操练军士终于来了。"但尼克松假装没有注意到这些，继续埋头阅读各目的地的大量提要信息。实际上，在空军一号这趟跨大西洋航班的全程中，尼克松都在翻阅这些资料。这架空军一号飞机，正是从达拉斯起飞运送肯尼迪遗体，并见证林登·约翰逊在达拉斯爱田机场宣誓就职的那一架波音707飞机。

尼克松访欧的第一站是比利时，他站在博杜安（Baudouin）一世国王身边，发表了一席十分友好的致辞："美国人民清楚地记得，陛下您初登王位后出访的第一个国家就是美国。所以，我尤其高兴就任总统后可以首先访问比利时。"亨利·基辛格细致地安排了行程中的每个重要细节，有时不免和鲍勃·霍尔德曼产生冲突。比如，霍尔德曼交代基辛格将总统的致辞从三页缩减至两页，而基辛格则把文件交给秘书，草草交代："把这个改成两页。"在比利时期间，尼克松还在北约总部发表了重要演讲，向北约理事会重申了美国对于防务联盟的承诺。《纽约时报》之后评论说："不论未来如何发展，尼克松先生与北约盟友举行的新一轮且更为亲密的协商是十分有用的。"

尼克松离开比利时之后，到了英国。英国政府一边为哈罗德·威尔逊首相与尼克松总统的会晤做准备，一边公开表示："尼克松说希望倾听欧洲的建议和看法，很明显，他此言不虚。"

一位美国观察家指出，威尔逊显然也想在总统面前装出好样子。尼克松曾穿着睡衣与霍尔德曼讨论访欧的进展情况，尼克松强调此次出访的两大目的是："要在'自由世界'的领导人之间传达尼克松作为其领袖的明确形象，并向美国人民展示这种明确的形象。"尼克松总统与其欧洲盟友的会谈大多围绕既定议题展开，但他同时也谈论了一些未让国务院准备提要信息的问题并就此选择性地探寻了其欧洲盟友的意见。比如，威尔逊首相就是通过这种谈话，鼓励尼克松就限制武器的问题与苏联进行交涉。但是，威尔逊在他自己的谈话记录中也颇有先见之明地表达了担忧："如果美国不全程参与协商，美苏谈判将给北约内部带来问题。"虽然威尔逊的建议对尼克松有所帮助，但对英国的访问仅是尼克松访欧中的一个音符，他的访问"乐章"会在法国奏响最强音。在飞往法国的航班上，尼克松跟演讲撰稿人比尔·萨菲尔（Bill Safire）① 说道："英国十分有趣，这是很微妙的。德国的有趣程度少一些——柏林人需要的是赞美。法国会是这些国家中最有趣的，这是谈判的本质决定的。"

事实上，法国确实是 1969 年尼克松整个欧洲之行的重点。尼克松抵达奥利机场后，戴高乐总统单独接待了他并用英语问候。尼克松穿过巴黎市区时，发现道路被清空，路两旁站着兴奋不已的群众。尼克松说："他们不应该为我这么做，他们知道这样会让我尴尬。"欢迎仪式过后，尼克松和戴高乐举行了整个行

---

① 是威廉·萨菲尔（Willian Safire）的昵称。——译者注

程中最为亲密的会谈。这次会谈开启了法美关系的新纪元，尼克松也因此获得了对华交流的必要支持。此外，通过直接与法国总统面谈，尼克松便不再需要性格外向的驻法大使萨金特·施赖弗（Sargent Shriver）作为中间人了，施赖弗一向不被尼克松政府待见，后者在多个场合谈及他时，也对其流露出种种不满。约翰·埃利希曼（John Ehrlichman）就企图对施赖弗提出各种指责，比如他的工作不尽如人意以及堂而皇之地展示肯尼迪总统而非尼克松的肖像画。埃利希曼还传播谣言称施赖弗参与了巴黎外汇市场的投机活动。白宫的先遣团队则要求施赖弗在尼克松到访前撤下使馆内所有的现代和抽象艺术作品，因为总统不喜欢这种风格。事实上，尼克松后来曾自责不该听从基辛格的建议。尼克松本来计划让施赖弗担任驻联合国大使，但后者坚持要参与国内决策，这让尼克松犹豫不决，而基辛格担心更换驻法大使会让夏尔·戴高乐不快，因此坚持认为施赖弗应该留任原职。

虽然尼克松对施赖弗有诸多不满，但这并不妨碍他和戴高乐的首脑会晤成为轰动一时的新闻，尤其是在巴黎。亨利·基辛格也特别指出："他（尼克松）并非开局最佳，但现在确实占据了有利局面。"坚定的戴高乐主义者米歇尔·德勃雷（Michel Debré）在后来的会谈介绍会中指出，这位新任美国总统"很明显对欧洲十分乐观，因为他已经决定减少美国对欧洲的投入、放弃成为无争议的欧洲领袖的意图，以期成为真正的合作伙伴"。德勃雷还称，尼克松是真正了解法国的人，两位元首之间的讨论令人欢欣鼓舞。可以说，尼克松访法是其整个欧洲行程中最精彩的一环，这期间也有些小插曲，当时，尼克松和戴高乐来到美国大使官邸欣赏表演，当晚参演的小提琴手耶胡迪·梅纽因（Yehudi Menuhin）却与他们严肃地谈起了世界和平的话题。

1969 年的欧洲之行成为了尼克松开展其旋风式的全球外交的开端。也许尼克松更为人所知的成就，是从越南撤军以及历史性地访问了中国和苏联，但尼克松的外交足迹始于欧洲。正是在欧洲举行的秘密会谈最终促成了东南亚的停火协议。正是通过欧洲，美国就限制武器会谈与苏联有了最初的接触。给中国政府传递早期信号的，即美国正在考虑推翻不承认"红色中国"共产党政权的长期外交方针的，也是欧洲。尼克松的外交政策就像一面时钟，1969 年年初，尼克松是钟表制作者，与他同步调的全部是欧洲人。1969 年的欧洲之行塑造了尼克松对欧洲的判断，他与夏尔·戴高乐、哈罗德·威尔逊以及库尔特·格奥尔格·基辛格（Kurt Georg Kiesinger）等领袖展开的讨论奠定了其日后政策领域的诸多得失，影响范围涵盖了欧洲、越南、中国、苏联和中东，甚至还影响了全球经济和货币政策。总之，尼克松在欧洲的这一周奠定了其之后四年外交政策的基础。

第 7 章

尼克松与戴高乐

"没有戴高乐,法国就永远无法摆脱二战战败国的身份,进而恢复到从前……在战后时期,他展现了巨大的人格魅力、毋庸置疑的智慧以及出色的演说才能,他理解象征主义,了解现代通信,他比法国伟大,比他自己的祖国伟大。任何人都知道他是一位伟人,即使可能完全不认同他。"

——尼克松

1969 年 3 月，戴高乐接见尼克松

第 7 章 尼克松与戴高乐

戴高乐在美国一直是有争议的人物,这一点是众所周知的。在他一生中的很多时间里,戴高乐被称为反美人士,他自己也经常指责美国人的反法情绪。第二次世界大战后,这种紧张氛围成为法美关系的主要特点。1945 年,戴高乐由于成功领导"自由法国"抵抗组织而声名远播。美国人对他的看法大为改观,甚至于同年 8 月在曼哈顿为他举行了抛投纸带的欢迎仪式。但是,即使戴高乐受到了英雄式的崇拜,富兰克林·D. 罗斯福(Franklin D. Roosevelt)总统却嘲讽他为"新娘"或"圣女贞德"[1]。同年 2 月,戴高乐更是拒绝了与罗斯福在阿尔及尔进行会面。

1946 年戴高乐下台后,法国外交部部长先后由罗伯特·舒曼(Robert Schuman)和乔治斯·皮杜尔(Georges Bidault)担任,外交政策也发生了巨大转变。1946 年 9 月,温斯顿·丘吉尔在苏黎世发表演讲,呼吁法德两国缓和关系。1948 年 3 月,共产党在捷克斯洛伐克掌权,同年秋天,欧洲委员会(Council of Europe)成立。1954 年,成立欧洲防务集团的计划夭折,阿尔及利亚和东南

---

[1] 英法百年战争中领导法国人进行抵抗的少女。——译者注

亚的紧张局势在整个 20 世纪 50 年代持续升级。此时的戴高乐虽然已经退出政坛，但他仍认为法国和英国等欧洲大国应该负起责任，"引领他国发展物质生活，完善政治水平以及提高文明程度"。随着欧洲海外帝国的不断解体，欧洲开始通过一体化运动加强自身能力的构建。1959 年，戴高乐当选为法兰西第五共和国的首位总统，重返政坛的戴高乐开始坚定地实施自己的治国理念。

最初，美国和法兰西第五共和国的合作态势良好，其中一个主要原因是艾森豪威尔当时执掌白宫。1959 年 9 月 1 日，艾森豪威尔抵达巴黎进行国事访问，到现场欢迎的人数达到一百万之多，戴高乐发表欢迎辞说："看，您是何等受欢迎啊！不论未来发生什么，对我们而言，您永远是自由军团的最高指挥官！"但是，在艾森豪威尔到访的三个月前，戴高乐已经开始采取行动与美国这个战后保护国拉开距离。戴高乐首先计划将法国海军撤出北约，他一直认为，北约是美国施行其不受欢迎的霸权主义的幌子，就如美元、跨国公司以及美国媒体中的犹太人一样。戴高乐此举标志着法国开始从北约联合行动中全面撤军，整个过程将持续 10 年之久。20 世纪 50 年代末期十几艘法国舰船撤离北约一事，代表着戴高乐的政策转型并非表面文章。毕竟，如果按照戴高乐的计划，即使是北约与华沙条约组织开战，法国的军队、领土、河流、港口和领空也不会再为北约所用。但尽管如此，1960 年 4 月底戴高乐访美时，他仍然受到了英雄般的欢迎。戴高乐很例外地受邀在美国国会联席会议上发表演讲，在演讲过程中，听众几次为他长时间地起立鼓掌。正是通过这次访问，戴高乐第一次对副总统尼克松有了很高的评价，且这种印象在日后始终未变。戴高乐在评价这次访问时说，尼克松"坦诚稳重，是一位让人觉得可以在国家大事上依靠的人物"。

1960年，随着约翰·F. 肯尼迪当选美国总统，一场较量也在大西洋两岸徐徐展开，即欧洲一体化的未来到底是由法国还是美国主导。在这之前的3年，欧洲经济共同体已通过《罗马条约》得以建立。戴高乐认为，英国出于继续领导英联邦的需要而不能加入欧洲经济共同体，因此法德（联邦德国）关系开始密切起来。1963年1月22日，夏尔·戴高乐与康拉德·阿登纳签署了两国友好关系条约——《爱丽舍条约》。几天之后，法国拒绝了英国加入共同体的申请。这两个事件叠加在一起，让美国情报界看到了危险信号。事实上，中央情报局对戴高乐日益独立的倾向是如此关切，以至于它开始为可能的法苏友好条约准备紧急应对预案。此时戴高乐的影响力达到了其人生的顶峰。

1963年，随着古巴导弹危机结束和阿尔及利亚独立，戴高乐与苏共中央第一书记赫鲁晓夫成功会晤，这让戴高乐更加自由地在大西洋联盟和欧洲体制内寻求独立政策。戴高乐的这种显要地位，在一份中央情报局的国家情报评估中得到确认。这份评估形成于1963年夏，但直到2008年年中才被公开。评估认为"戴高乐将军彻底执掌了法国局势，我们看不出近期他有任何严重的挑战"。评估还警示说："放眼将来，戴高乐正积极朝着那一天努力——尽管具体日期未定——即由法国领导并脱离了美国控制的西欧能够与苏联展开谈判，以期圆满解决欧洲问题。"当然，对戴高乐而言，实现这一目标的前提条件是法国真正独立于美国，他认为后者已经成为比苏联更甚的心头之患。

肯尼迪总统在公共场合说起戴高乐时总是心怀敬意，但这并不意味着两人之间没有分歧。肯尼迪急切地想要"看透"戴高乐，而这种努力在有些人看来却遥遥无期。戴高乐对欧洲的看法与肯尼迪和其他欧洲国家领导人不同，他与被称为"欧盟之父"的几位领导人也断绝了关系，其中包括让·莫内、罗伯特·舒曼和保罗-亨利·斯巴克（Paul-Henri Spaak）。戴高乐试图构建一个完全摆脱了美国和苏联影响的欧洲，每一个欧洲国家都能维持其主权和身份，但由于之后的一系列波折，戴高乐始终没有机会实现这个愿景。联邦德国总理康拉德·阿登纳在1963年辞职，之前他一直是戴高乐寻求欧洲经济共同体领导权的主要推动者。此外，肯尼迪于1963年6月访问联邦德国并取得巨大成功，以至于戴高乐对自己头一年的出访成果颇感黯然。尤其让戴高乐愤愤不平的是，当时他访问联邦德国，熟记并发表了多篇德语演说，以期推动法德（联邦德国）在欧洲经济共同体的合作，而肯尼迪在柏林演讲时只因说了区区一句德语"我是柏林人"便一举成名。这场演讲的所在地，之后更是被重新命名为约翰·F. 肯尼迪广场。但是，1963年11月22日肯尼迪总统遇刺，夏尔·戴高乐却陷入了巨大的悲痛之中。在同年早些时候，虽然戴高乐曾再次反对"那些盎格鲁－撒克逊人"，因为他们试图与苏联人缔结禁止核试验条约，但此刻他第一个表达了想要参加肯尼迪葬礼的意愿。11月23日，戴高乐在法国内阁会议上发表了长篇致辞，悼念这位遭到暗杀的美国总统，戴高乐对外国领导人的这种做法是史无前例的，但是，他的这份内心之举并无助于改善法美关系的不确定性。虽然林登·约翰逊继任总统后曾因为放任两国关系继续恶化而遭受指责，但在这之前，法美关系早就已经成为定局。事实上，肯尼迪在遇刺前几周，曾接待法国外长莫里斯·顾夫·德姆维尔（Maurice Couve de Murville）访美，之后肯尼迪这样告知一位记者："顾夫先生和我，我们确认我俩之间没有任何共同立场。"

　　副总统林登·约翰逊就是在这种环境下入主白宫的。约翰逊对日益疏远美国的法国总统感到担心，他向时任驻法大使查尔斯·波伦（Charles Bohlen）寻求建议。波伦宽慰说，不论戴高乐有什么想法或愿望，他都不能代表法国。毕竟，戴高乐政策的坚定追随者寥寥无几；虽然戴高乐表面上的反美情绪产生了极为不利的影响，但大多数法国民众对美国仍然评价很高。波伦同时还认为，美国几乎无力改善法美关系，除非戴高乐改变看法或是离职。在约翰逊看来，这两个条件在短期内都无法实现。1964年美国帮助越南共和国军队攻击中国军队时戴高乐宣布承认中华人民共和国，这使得大西洋两岸的关系进一步恶化。同时，戴高乐的欧洲政策也余波不断。1965年至1966年间，由于法国抵抗欧洲经济共同体理事会会议，欧洲一体化运动一度停滞。这场名为"空椅子危机"的事件催生了卢森堡妥协，它规定对被认为违反"重要国家利益"的任何决议，每一个欧洲经济共同体成员都拥有否决权。

卢森堡妥协达成后，戴高乐抓住时机，在 1967 年再次否决接纳英国加入共同体。时任英国驻法大使的尼古拉斯·索姆斯（Nicholas Soames）说："在戴高乐将军执政生涯的后半期，他努力表现出这样一种姿态，即别人就是对他束手无策。对整个西方尤其是对美国，他有意刁难、随心所欲。"戴高乐逐渐给法国的外交政策打上了深深的个人印记。他的毫不妥协导致法国在欧洲被日益孤立，欧洲局势也离戴高乐对欧洲的构想越来越远。戴高乐的政策也许更加适合大一统的欧洲，但如果这些政策只是某位领导人为了追求本国的荣誉和利益而牺牲他国利益的手段，便不可能行得通。同样，只要约翰逊仍执掌白宫，戴高乐就几乎无法回到艾森豪威尔时代或是肯尼迪执政初期的法美对话层面。戴高乐撤掉了可以与白宫在短时间内取得联系的电话专线，这条专线曾用于应对柏林或其他地方可能出现的紧急情况。戴高乐的外交政策让人捉摸不定，美国的决策者试图理解其背后的动机，却总是徒劳无功。根据一种广为流传的说法，法国前总理皮埃尔·孟戴斯－弗朗斯（Perre Mendes-France）曾说过："戴高乐在某种程度上是疯狂的。他曾对我说，'我有两个兄弟。一个患有精神疾病，我们已经把他送走了。另一个心智正常。而我介乎两者之间'。"随着戴高乐在北约和西方的不断后撤，美国民众开始把法国红酒倾倒进水沟。亨利·基辛格日后评价说，戴高乐的政策反映出他深刻意识到了这一代法国人民的苦难，他评判政策的标准不仅基于技术，还要看它是否有助于提升法国人的认同感。约翰逊总统不止一次试图改善大西洋两岸关系,但在 1968 年 8 月苏联入侵捷克斯洛伐克之后,他的这种外交努力越发举步维艰。一直到理查德·尼克松出任总统之后,大西洋两岸关系才有进展。约翰逊承认:"我总是难以与他那样的人相处,他们高谈阔论,谈论宏大议题,对已有成就并不在意。"

正是在这种背景下,理查德·尼克松力求挽回大西洋两岸关系,尤其是法美关系。尼克松已经赢得了戴高乐的尊重,在这一点上约翰逊是失败的,而肯尼迪也只是因为在古巴导弹危机中表现强硬才获得了对方的尊敬。此外,虽然戴高乐一直秉持其基本理念,但对于尼克松,他并未过于强硬地推行这些主张。尼克松入主白宫时,戴高乐已经意识到法国与美国日渐疏离,他断定华盛顿的这场政坛更迭是改善两国关系并尽可能保存颜面的理想时机。除此之外,戴高乐深知,自己这位法国元首在尼克松心中的地位仅次于温斯顿·丘吉尔,这可以让他与对方迅速建立富有成效的伙伴关系。而且,丘吉尔对尼克松英国式的影响只限于其留下的大量文字作品,但戴高乐可以主动寻求说服对方。为回应尼克松对自己的敬意,戴高乐称尼克松"像我一样,在自己的国家曾遭遇过放逐的命运"。

在尼克松 1969 年 2 月至 3 月访欧期间,他与戴高乐举行了长达 10 个小时的私人会谈。在尼克松的整个总统任期中,这也许是会谈双方互动最为密切且最富有实质性意义的一场高峰会晤。会谈严格遵守法国外交礼节,大部分时间都没有助手在场,因为戴高乐认为助手"不具备实体性"。在尼克松看来,此次访欧的最低预期就是要恢复法美关系。当然，他并没有意识到自己的这番努力将在日后让北约和欧洲共同体关系紧张，毕竟，阻碍这两个多边平台交流合作的唯一障碍就是戴高乐，而尼克松似乎表现得过于殷勤了。两人的会谈地点有凡尔赛特里阿农宫苑和爱丽舍宫等豪华宫殿。对于会谈的主要场所爱丽舍宫，尼克松惊叹不已。这座宫殿建于 1718 年，从 1879 年开始就是法兰西共和国历任总统的官邸。当尼克松步入宫殿的银厅，也就是拿破仑在 1815 年签署退位书的地方，他好像忽然感到了一种历史的真实。不同于尼克松此行和任何其他领袖之间的会谈，他和戴高乐的会谈记录显示，戴高乐俨然是谈话的主角，而尼克松却试图一再强调自己广为人知的遍访各国的经历。

戴高乐建议，如果尼克松肯迈出第一步，苏联会有意愿参加限制武器会谈。尼克松难以相信这个说法，毕竟距 1968 年 8 月苏联侵占捷克斯洛伐克，只过去了几个月的时间。戴高乐表示自己"不觉得共产党人会更进一步"。这个结论与美国中央情报局的看法截然相反。后者前不久才警示说，苏联在 1968 年冬至 1969 年在捷克斯洛伐克安装导弹的行为十分危险，很可能是针对西方的各大城市。但是，戴高乐显得果断而坚决，他认为苏联最近的举动从本质上说防御性大于攻击性，意在加强阵营内部对勃列日涅夫提出的"苏联共同体"思想的支持。戴高乐对尼克松说："可以肯定他们（共产党人）没有在法国和意大利进一步行动，在德国、波兰、匈牙利和捷克斯洛伐克也绝没有这么做，甚至在苏联内部也是一样。"

戴高乐确信无疑，共产主义不可能再独占鳌头。他指出"内部动力已然缺乏"，并鼓励美国与中国接触，以防未来中国实力变强时西方穷于应对。戴高乐将军还补充说："它（苏联）不可能同时面对中国和美国（尤其是美国）。"他认为，苏联对欧洲的威胁会因为中国而持续减弱，如果美苏两国达成妥协，那情况更是如此。戴高乐主张，尼克松可以选择与苏联开战，不然就与苏联和解。对戴高乐来说，并不存在中间立场，他讲道："你会怎么做？是要摧毁柏林墙？如果你没有准备好开战，那就进行和解，但出发点是要显示实力，而不是示弱。"

尼克松十分倚赖戴高乐对苏联和中国的看法。在中国问题上，戴高乐敦促尼克松"在仍有选择的时候采取渗透政策"。一份直到 2010 年 1 月才被解密的文件显示，在 1969 年 3 月 1 日两位领导人的谈话中，尼克松事实上鼓励戴高乐采取独立的核威慑政策。尼克松的动机在于，随着美国与苏联展开武器谈判，苏联人越是觉得法国的核能力不受美国控制，他们就越无可能把法国导弹问题纳入接下来的任何东西方协议之中，而这恰恰留下了一个漏洞，让西方可以维持并扩大优势。最后，戴高乐还向尼克松说明自己不想让美国从欧洲撤军，因为他害怕德国人会抢占这一空缺，对于戴高乐来说，这显然是比美军留守欧洲还要糟糕的结果。

戴高乐说话的口吻就像一位哲学家，尼克松听得有些心醉神迷。戴高乐对欧洲和世界政治军事事务的把控对于尼克松具有"范式转移"的意义。同时，戴高乐果敢的性格让尼克松十分尊敬。戴高乐指出，其他欧洲国家"由于自身的缺陷而被迫寻求和接受美国的保护国地位，但法国并不是这样。它已经不是建造凡尔赛宫时期的那个国家了，而且它也恢复了它应有的地位"。这些谈话让尼克松确认，美国不再需要对法国采取遏制政策，相反，与法国重新确立关系才更加有利。白宫可以一方面着手处理与共产党世界的关系，另一方面安全地保留戴高乐的建议和经验。戴高乐同尼克松一样倾向于秘密外交，因此两人并不担心他们的交谈内容会有所泄露，事实上，这种事情也的确没有发生过。戴高乐认为，可以再次对美国总统以及这样一个有着相似世界观的人施加影响是一件乐事。1969 年 3 月 4 日法国《世界报》刊文称：戴高乐将军最终找到了他一直想找的美国领导人。法国外交部也在工作层面上指出戴高乐"十分尊敬尼克松总统对世界事务的认识，并感谢对方表示出的个人礼节以及对戴高乐将军所持看法的理解"。

尼克松访法之后，美国的政策确实开始转变，戴高乐也做出了回应。1969 年 3 月底，美国前总统艾森豪威尔去世，戴高乐身着法国准将制服，来到华盛顿参加葬礼。戴高乐与尼克松在白宫办公室进行了他们之间的最后一场会面。尼克松打破禁令，开始与对方讨论围绕法国核威慑问题展开双边合作的议题。这样一项议题在当时是十分激进的，就连新上任的美国国防部部长梅尔文·莱尔德（Melvin Laird）都只评价说合作"可供讨论但我并不乐观"。按照约翰逊时代的"国家安全行动第 294 号备忘录"的规定，这种合作是被禁止的。1964 年 4 月，正值法美关系持续恶化的时期,约翰逊总统签署了此项备忘录,禁止美国大幅度援助法国独立开发核弹头或运载系统。但是,在尼克松执政时期,双边合作实质上却慢慢展开,科研合作最初由美国空军少将奥托·约翰·格拉瑟(Otto John Glasser)与法国军备部部长乔治·格拉瑟(George Glasser)(两者无任何关系)牵头开始,涵盖的领域包括航海设备、航天器返回材料以及助推科技。

虽然合作始于尼克松和戴高乐,但由于后者在1969年4月28日突然辞职,大部分合作事宜实际是由尼克松和乔治·蓬皮杜推动的。对于戴高乐的匆匆离职,尼克松大为惊讶,因为他记得对方总是喜欢说,虽然到了70岁应该开始考虑退休了,但"维多克·雨果(Victor Hugo)和歌德(Goethe)一直到83岁才停止工作"。亨利·基辛格日后对戴高乐辞职一事评价说:"对于戴高乐追求的法国国防和外交独立,尼克松和我是支持的。"当得知法国前总理乔治·蓬皮杜有可能要继任时,基辛格表示蓬皮杜"机智博学、沉着镇定……他追随戴高乐的政策,却不像后者一样居高临下"。就如美国驻法大使萨金特·施赖弗概括的一样:"依我判断,在现有的竞争者中,根本无人能与他(蓬皮杜)争夺这个最高职位。"

1969年,在围绕两个不足轻重的宪政问题进行的全民公决失利之后,戴高乐于4月28日凌晨永远地离开了爱丽舍宫,返回了自己的家乡科隆贝。他发表了如下声明:"我停止行使共和国总统职权。此决定从今日中午起生效。"戴高乐回到家乡之后,收到的信件堆积如山,其中最感人的来自丘吉尔夫人。在丘吉尔去世后每年的纪念日,戴高乐都会给丘吉尔夫人去信。戴高乐将军的长期助理蓬皮杜，事实上成为戴高乐所创政党——新共和联盟党的总统候选人。让蓬皮杜尴尬的是，戴高乐并没有热烈支持他，但确实在返乡几天之后来了一封信并让他妥善保管。直到1974年蓬皮杜去世时信件内容才得以公开。戴高乐在信中表示，蓬皮杜有资格期盼在总统竞选中获得自己的支持，戴高乐的确赞同对方参选，但不会参与其中。虽然戴高乐的沉默让蓬皮杜有些难堪，但既然对方私下允诺不会在言行上破坏此次竞选机会，蓬皮杜就仍然是受益者。在蓬皮杜就任总统后，戴高乐也从未接待过新政府的任何一员。在他生命的最后的时光里，戴高乐把主要精力用于撰写回忆录。

对戴高乐及其匆忙离职一事持批评意见的人认为，比起他真正取得的成就，戴高乐有些徒有虚名。但尼克松仍选择向戴高乐示好，他写道："我确信您知道我有多么尊重您——在我们1959年那次见面很久之前就是如此……直白一点说——在这个充满平庸领袖的世界中——美国的精神需要您的见证。"尼克松这封手写的信件由很受他信任的助理弗农·沃尔特斯送到戴高乐手中。沃尔特斯站在一旁等候回应，戴高乐读完信件，说尼克松"是一位真正的战友"，并于当日回信，宽慰尼克松说："也许有一天我会有机会和荣幸再次见到您；同时，我衷心祝愿您在内政外交的伟大事业上取得成功。"这是理查德·尼克松最后一次与夏尔·戴高乐通信，按照安德烈·马尔罗（Andre Malraux）[①] 的说法：

[①] 1959—1969年担任法国文化部部长。——译者注

"戴高乐成为了历史,但又属于未来。"

1969年6月1日,乔治·蓬皮杜在其第一场巡回演说后收获了43.95%的惊人支持率。6月15日,蓬皮杜打败阿兰·波埃尔(Alain Poher),在决胜选举中赢得了57.6%的选票,这甚至超出了戴高乐将军在1965年12月的选举得票。蓬皮杜于6月20日宣誓就职,上任之后他延续了业已建立的良好的法美关系,并在接纳英国加入欧洲经济共同体以及保持美国在欧洲驻军等问题上采取了较缓和的政策路线。欧洲共同体委员会主席琼·雷伊(Jean Rey)甚至告诉亨利·基辛格,说自己期待欧共体在当年年末可以就英国成员身份问题做出最后决定。事实上,相比于否决英国的成员资格,蓬皮杜更加关心如何阻止欧洲事务因为缺乏英国参与而受到联邦德国更为强大的控制。联邦德国正在考虑与苏维埃支持的东欧共产主义政府实现关系正常化,这一点无疑加剧了蓬皮杜的担心,而在戴高乐执政末期,联邦德国的复苏也是越来越困扰戴高乐本人的形势。蓬皮杜试图与戴高乐拉开距离,因此他总喜欢说,在所有的戴高乐主义者当中,他"最为随和、理性和耐心"。蓬皮杜也知道,虽然自己的地位比不上戴高乐,但必须清晰表达自己立场。蓬皮杜说,"现在,我必须锤炼自己的风格","这不是一件易事。我不是名垂青史的人,虽然我也不会效仿戴高乐"。

无法否认的是,在与美国继续发展良好关系这个方面,蓬皮杜是效仿戴高乐的。1969年8月4日,乔治·蓬皮杜与亨利·基辛格进行了早间会晤,蓬皮杜强调了延续两国关系的重要性:"我希望,不管在任何场合,我们的联系都是亲密的,我们可以十分自由地交换意见。我们会有不同意见，但我们在重要问题上的立场总是一致的。"在蓬皮杜举行的第一场新闻发布会上，他的着装和言谈风格都显得与戴高乐相距甚远。他并没有像戴高乐将军一样发表演说，而是与记者直接进行问答，发布会也首次采用了直播的方式。面对有记者提问并暗示说法美关系在 20 世纪 60 年代末期已经有所恶化的情况，蓬皮杜不屑一顾地回应："我认为人们多少有些夸张……尼克松总统和戴高乐将军之前在巴黎举行的会谈，标志着此事的转折，或者说，已经让问题得到解决。"

对于坚守戴高乐的遗产，蓬皮杜是忠心不渝的。他永远没有忘记几十年前自己第一次见到戴高乐将军时的情景。1944 年 8 月，在香榭丽舍大道两旁，蓬皮杜与数百万民众一起，庆祝法国解放并热情欢迎戴高乐将军等人凯旋。当时，乔治斯·皮杜尔（Georges Bidault）将军、雅克·菲利普·勒克莱（Jacques Philippe Leclerc）将军和皮埃尔·凯尼格（Pierre Koenig）将军都在凯旋队伍之中。在蓬皮杜以后的日子里，虽然他私底下与戴高乐有过意见不合，但他对后者的尊敬丝毫未减。蓬皮杜出生于法国中部，家庭背景十分简单。他喜欢说自己的父亲完全是农民出身，母亲出身于农民和商人家庭。蓬皮杜长大后，学习了希腊语、拉丁语、德语和西班牙语，还十分喜欢古典文学。他曾说他就是"自己的文化部部长"。他在总统官邸装点了马克斯·厄恩斯特（Max Ernst）和尼古拉斯·德·斯塔埃尔（Nicholas de Stael）等艺术家的现代作品。由于蓬皮杜对现代艺术的喜爱，所以日后在巴黎中部的一座博物馆以其名字命名也就不足为奇了。

在 1969 年至 1974 年间，蓬皮杜成为了尼克松致力发展大西洋两岸关系的主要合作者之一。但是，他对尼克松的影响远远低于戴高乐。蓬皮杜作为一位中间人确实为尼克松提供过很多帮助，如他曾多次秘密协助亨利·基辛格飞往巴黎参加越南和平会谈。蓬皮杜的总统档案将此事记录为"法美最高机密等级合作"。但是，在蓬皮杜掌权时，尼克松的外交政策已经最大程度地开始运作了。有关蓬皮杜健康状况的谣言也从未中断。在尼克松眼中，这位总统仅仅是长久而强有力的戴高乐政府之后的一个过渡性人物。蓬皮杜执政时间不长，他自己似乎从一开始也知道这个结局，但这位实干家尽力完成了其力所能及之事。他对自己取得的某些成就高兴不已。蓬皮杜将法国重新纳入国际货币体系，而法国曾于 1965 年拒绝接受特别提款权①。蓬皮杜通过允许英国加入欧洲经济共同体而打破了多年的僵局。1969 年至 1973 年，法国的经济增长速度几乎超过了世界上所有的工业化国家，服务业增长了 40%，农业增长了 50%，出口量几乎取得了翻番的成绩。从某种程度上说，蓬皮杜在极力获得戴高乐的认可。他一直认为戴高乐将军从未把自己看成是他真正的接班人。蓬皮杜经常凝视他办公桌上那张戴高乐的照片，戴高乐很久之前就把这张照片送给了他，并手书"致我永远的同伴及朋友"。蓬皮杜知道自己无法替代戴高乐的角色，但与他进行比较却在所难免。就如马尔罗

---

① 特别提款权是国际货币基金组织设立的紧急储备货币，用以增加持有国资产的流动性。——作者注

所指出的:"无人可以超越他(戴高乐),他只能被追随。"

蓬皮杜在上任后的头两年,就奠定了他和尼克松两人在任期间法美关系的基调。1969年12月,在海牙举行的欧洲经济共同体首脑会议上,蓬皮杜发表了演说,表示法国可能会准许英国加入共同体。当戴高乐在收音机里听到这个消息时,他摇了摇头,微笑中带着一丝讥讽。他想,这个可怜的蓬皮杜啊。戴高乐将军能够察觉,蓬皮杜对英国人轻易屈从的程度与他自己对1968年5月巴黎街头的学生和罢工者的态度如出一辙。当有评论家说蓬皮杜在戴高乐有生之年永远不会接纳英国时,戴高乐回应道:"你们知道,我也不会长生不老。"毕竟,这两位总统都害怕德国会东山再起,因此允许英国加入共同体是进行力量抗衡的一个自然举措。

事实上,1969年10月10日,在接待英国驻法大使克里斯托弗·索姆斯(Christopher Soames)时,蓬皮杜总统很快向对方表明之前否决英国申请加入共同体并不是他自己的意见。很久以前,蓬皮杜就确定了这样一种模式,那就是,每每他与戴高乐政见不合时,便会在戴高乐宣布那项政策时回乡休假。两者的不和之处并不算多,但在英国加入共同体一事上两者分歧最大。可是,1971年布雷顿森林体系的解体恶化了欧洲各国难以达成共识的局面,蓬皮杜逐渐像戴高乐一样展现出了一种不轻易合作的态度。对于1974年开始的英国重新谈判其欧共体成员资格的行为,蓬皮杜也不置可否。蓬皮杜是协调欧洲事务最出色的专家,但英国的成员资格一事直到他去世之后才被一位更具合作意向的接任者彻底解决。回想在戴高乐离任之后蓬皮杜才得以摆平英国加入欧洲经济共同体的危机,这在某种程度上确实是一件具有讽刺意义的事。

1970年2月,乔治·蓬皮杜访美。如果戴高乐还在任的话,他也可能会进行此次访问。当时,驻法大使萨金特·施赖弗已经离任,1月31日尼克松在收到施赖弗充满怨言、长达四页的辞职信后,顺利将其解职。蓬皮杜和尼克松的会晤安排引起了特别的关注,毕竟两人之前从未谋面。蓬皮杜与艾森豪威尔将军和肯尼迪总统都有过一面之缘,艾森豪威尔将军曾于20世纪50年代初担任过北约欧洲盟军统帅,而肯尼迪总统在1963年访问过法国。但是蓬皮杜从未见过约翰逊总统和尼克松总统。尽管如此,基于对尼克松的了解,蓬皮杜认为"自己和尼克松有着许多共同之处"。但访美前几周恰逢埃及、叙利亚和以色列爆发"消耗战争"①,蓬皮杜赶上了一个最坏的时机,但如果取消此次会晤,良好的法美关系可能会再度恶化,蓬皮杜不想冒这样的风险。当时,白宫安排弗农·沃尔特斯担任蓬皮杜的口译员,并负责会晤时的各项事宜。蓬皮杜甚至对沃尔特斯说道:"即使仅仅是为了了解尼克松先生,这整趟行程也是值得的。"

蓬皮杜访美进一步加强了法美在国防领域的双边合作,如卫星研究以及分享计算机技术,同时也开启了一项围绕1966年

---

① 以色列和叙利亚、埃及在三国间的边界频繁爆发的许多小规模冲突。——译者注

至 1967 年间北约迁址①产生的超期费用的讨论。当时，在美国军方所称的 FRELOC② 行动中，北约机构被迫从法国迁往比利时。对于进一步的双边国防合作，蓬皮杜和尼克松都表示支持，具体工作由美国的安德鲁·古德帕斯特（Andrew Goodpaster）将军和法国参谋长米歇尔·富尔凯（Michel Fourquet）负责。尼克松向蓬皮杜表示自己意识到这项事务"极其微妙"。他说："自去年 2 月与戴高乐将军会晤以来，有些人认为美法两国在利益上是敌对且不相容的。但我并不这么认为。"

在接下来的一场谈话中，尼克松总结说："在北约成立前的 170 年里，法美两国是并肩行动的。在第一次世界大战和第二次世界大战中也是如此，现在这种关系没有理由不继续下去。"这番话从根本上保证了两国防务合作向前推进的可能。尼克松还说："我坚信法国是盟国的一员，但也可以保持独立地位……我并不建议法国根据北约调整自己的立场。"蓬皮杜回应道："与您一样，我十分愿意讨论我们如何协调合作并建立联络……但重要的是联络应该是高度机密的。"由此，这个"法美最高机密等级合作方案"得以确立。

亨利·基辛格把会晤协议精简成一份备忘录，交给了古德帕斯特。基辛格指示说："总统希望你可以探索……在两国战术力量关系上任何可行的改善方案，包括在战术核武器方面的。""如

---

① 1966 年，戴高乐正式宣布法国退出北约军事一体化体系并要求所有北约基地撤离法国。——译者注

② Fast Relocation 的缩写，意为"快速转移"。——译者注

果没有进一步指示,这些行动必须只限于美方知晓且归于最高安全级别,美国军方也只能了解应该知悉的最有限细节。"此份文件于1970年9月1日被命名为NSSM100("与法国的军事合作"),美国国务院、国会和英国方面都未曾了解其完整的细节。事实上,基辛格的助理赫尔穆特·索南费尔特(Helmut Sonnenfeldt)曾草拟了一条概要信息,准备告知英国首相威尔逊关于法美进一步国防合作的事项,但基辛格看过之后,仍回应说要把消息拟得"再模糊一些"。

总体上说,1970—1971年,法美关系持续改善,尤其是在欧洲事务方面。两国领导人都有同一种担忧,就是威利·勃兰特总理的"新东方政策"可能会使联邦德国在苏联面前妥协过多。1970年11月,蓬皮杜甚至对尼克松说:"开启关于柏林的谈判一直让我很遗憾。"最终,原本在20世纪60年代初甚为亲密的法德(联邦德国)关系,到了蓬皮杜和勃兰特时代变得困难重重,而法英关系却可以说进入了黄金时期。蓬皮杜访美后,法美军事关系持续向好。1970年3月10日,尼克松在基辛格的建议下批准了一系列政策。古德帕斯特和富尔凯讨论了如何协调战略核军备的使用,且同时尊重法国反对"融入"北约的立场。尼克松在谈到美国的政策转型时表示:"我确信一个强大而独立的法国是有利于美国利益的。"尼克松支持法国独立发展威慑力量,因为他知道美国在这方面的力量会很快受到美苏限制武器会谈的制约,而帮助法国可以使美国在与苏联达成协定后留有更多的余地。

在蓬皮杜1970年2月访美之后,一直到1970年11月12日尼克松去巴黎参加戴高乐的葬礼时，法美之间才再次举行了高级别会谈。戴高乐葬礼当天，63位国家元首齐聚巴黎，人数比以往任一场合都要多。在离自己80岁生日还不到两周的时候，夏尔·安德烈·约瑟夫·马里·戴高乐与世长辞。遵照他不举行国葬的遗愿，巴黎圣母院为他举行了一场简单的仪式。戴高乐的墓志铭十分简单，只有区区的几个字"夏尔·戴高乐，1890—1970"。在葬礼期间，蓬皮杜对尼克松轻声说，他们各自的导师离世，他们要"孤身一人"了。尼克松是首位确认参加巴黎圣母院仪式的国家领导人，这似乎回应了戴高乐是第一位确认参加艾森豪威尔葬礼的国家元首这件事。在亨利·基辛格把戴高乐去世的消息告知尼克松的那一刻，尼克松就决定自己必须去往巴黎，对这位陨落的领袖表达敬意。过去的那些年，无论自己是否身处政坛，对方都给予了他很多宝贵的指导，尼克松是感激不尽的。关于戴高乐的遗产，尼克松日后评论说，即使戴高乐的行事风格有些争议，但"没有戴高乐，法国就永远无法摆脱二战战败国的身份，进而回复到从前……在战后时期，他展现了巨大的人格魅力、毋庸置疑的智慧以及出色的演说才能，他理解象征主义，了解现代通信，他比法国伟大，比他自己的祖国伟大。任何人都知道他是一位伟人，即使可能完全不认同他。"

　　基于前任的政治遗产以及自身努力，理查德·尼克松在执政早期建立的法美关系大致如此。在20世纪60年代的美国政坛，越战、民权和林登·约翰逊总统的"伟大社会"等议题比美国与盟国之间的关系更为急迫。大体上说，美国与其盟友消除了公开分

第 7 章　尼克松与戴高乐

歧，重建了良好关系，这正是尼克松致力完成的。在尼克松执政最初，甚至在他发表国会演说之前，他就访问了西欧，以期安抚盟友，并给敌人——尤其是苏联——发送这样一个信号：西方联盟还很强大。尼克松急切地想从欧洲各国高层，尤其是夏尔·戴高乐和哈罗德·威尔逊那里得到建议，也急切地想让外界看到他的这种亲密外交。今天在巴黎也许没有以尼克松名字命名的著名街道，但即使在参议院发起的水门事件调查案的高潮阶段，即尼克松的最低谷时期，法国两任代总统阿兰·波厄①（Alain Poher）仍这样说："自艾森豪威尔以来，没有任何一位美国总统比尼克松对法国更加友好。"回溯到20世纪40年代末，尼克松在赫脱委员会任职时，他就已经受到了国际主义思潮的巨大影响，他也尤其崇拜戴高乐和法国。之后，在尼克松执政期间，法美关系在短期内发展良好。

---

① 阿兰·波厄分别于1969年夏尔·戴高乐总统辞职后以及1974年乔治·蓬皮杜总统逝世后两次代任临时总统。——译者注

第 8 章
联邦德国与"新东方政策"

德(联邦德国)美关系虽然总体向好,但也并非相安无事。比如,我们至今也无法得知,理查德·尼克松于 1970—1972 年曾在多大程度上干预联邦德国内政以维系勃兰特政府。虽然尼克松和基辛格有时激烈反对勃兰特的"新东方政策",但他们仍认为,联邦德国的成功与否关乎美国与东方尝试改善关系的政策的成败。

威利·勃兰特，1969—1974 年任联邦德国总理，1971 年获诺贝尔和平奖

第 8 章 联邦德国与"新东方政策"

　　虽然尼克松就职总统时联邦德国总理是库尔特·格奥尔格·基辛格，但在 1969 年至 1974 年，主要与美国打交道的人物却是威利·勃兰特总理。在此期间，勃兰特以外交部部长的身份登上总理的权力宝座，德（联邦德国）美关系的主要问题便是围绕他提出的"新东方政策"展开的。尼克松的磁带录音包含了对该政策的很多批评意见。在大西洋两岸关系上，"新东方政策"成为美国面临的最棘手的问题，这种局面一直持续到 1973 年第四次中东战争①爆发为止。"新东方政策"是实现既有目标的一种新的方式。勃兰特希望德国实现统一，但同时他极其注重实效，深知统一的首要任务就是修复更大层面上的东西方裂痕。对于美国政府来说，勃兰特并不是陌生人，他在担任西柏林市长时曾接待肯尼迪总统访问柏林，从那时起他便慢慢被西方所熟知。

　　1966 年年底，勃兰特在进入大联合政府并接任联邦德国政府外交部部长一职后，立即迈开了调整对外政策的步伐。在同年 12

---

　　①　指 1973 年 10 月 6 日埃及、叙利亚和巴勒斯坦游击队三方与以色列进行的第四次中东战争。——译者注

月 14 日至 16 日召开的北约理事会部长级会议上，第一次参会的勃兰特声明他计划寻求解决"德国问题"的方法。勃兰特阐明了自己的意图并表示想与民主德国进行最初接触。这番话让在座的英国外交大臣乔治·布朗（George Brown）感到震惊，他不禁提醒勃兰特说："那可要小心点！"勃兰特作为外交部部长，在 1969 年 2 月 26 日至 27 日尼克松访问联邦德国以及 8 月 7 日库尔特·基辛格总理对美国进行回访这两件事情上也发挥了积极作用。两国的会谈真诚友好，总体上延续了尼克松在布鲁塞尔和伦敦举行会面时的氛围。联邦德国方面为会谈准备了大量的提要信息，急切地想在诸多议题上寻求尼克松的看法。

联邦德国不像法国一样极力反对"美国霸权"在欧洲的存续，毕竟，它需要继续依靠美国的核保护伞及常规部队。联邦德国外交部官员格奥尔格·杜克维兹（Geirg F. Duckwitz）和卡尔·卡斯滕斯（Karl Castens）就曾表示过："我们已经准备好在政策层面支持并援助美国对于苏联的努力。"但是，尼克松并不打算无限期在联邦德国驻军。虽然 1987 年罗纳德·里根（Ronald Reagan）在柏林勃兰登堡门发表的题为"推倒这堵墙"的演说广为人知，但早在 1969 年 2 月，尼克松在柏林西门子工厂演讲时就已传达了一个重要信号：呼吁苏联结束柏林的紧张局势。显然，克里姆林宫也清楚地接收了这一信号。接下来，几个国家开始了为期数月的秘密交流，苏联外长葛罗米柯（Gromyko）于 1969 年 7 月 10 日做演讲，当年年末，进行初步会谈的准备工作就绪，以上种种为《西柏林协定》的最终形成铺平了道路。

第 8 章 联邦德国与"新东方政策"

作为联邦德国外交部部长和社会民主党的领袖，威利·勃兰特是库尔特·基辛格总理在大联合政府中的年轻干将，大联合政府的成立也标志着社民党在一战之后首次获得了参政权力。勃兰特曾出任西柏林市长，在 1963 年肯尼迪总统参观柏林墙所留下的那张经典的照片里，我们依稀能辨认出他的身影。勃兰特的一生做出了许多勇敢的个人创举，他出身贫穷，年少时便经历了第一次世界大战。作为在两次世界大战期间成长起来的一代人中的一员，勃兰特深深理解那种无望和愤怒的情绪。对于德国在第一次世界大战中的战败和《凡尔赛条约》的签订，与勃兰特同代的年轻人感到不公，心中愤慨不已。之后，德国内部动荡，经济遭到严重破坏，在 1922 年至 1923 年爆发了极度严重的通货膨胀，1929 年之后更是危机不断。当时即将年满 20 岁的勃兰特加入反对阿道夫·希特勒的社会主义党派，但不久后（1933 年）就被迫逃往挪威。勃兰特在那里继续积极从事反纳粹活动并加入挪威国籍，在希特勒于 1940 年入侵挪威后又辗转逃亡到瑞典。第二次世界大战之后，勃兰特重返德国，但他发现此时的祖国已经颜面扫地、一无所有且动乱不堪。勃兰特积极投身到社会民主党的政治活动中并成为厄恩斯特·路透（Ernst Reuter）的门生，后者即在 1948 年至 1949 年柏林封锁期间以社会主义党派成员身份当选西柏林市长的轰动性人物。1957 年，勃兰特出任西柏林市长一职。1961 年 8 月，苏联筑起柏林墙，西方国家最初穷于应对，德国民众大失所望，开始将矛头对准西方盟国。此时，勃兰特发表了一篇振聋发聩的演说，市民的情绪才得以平复。20 世纪 60 年代前半期，勃兰特所在的政党实力渐增，虽然勃兰特在 1961 年和 1965 年的联邦总理选举中落败，但他与对手的差距也在逐渐缩小。

1966 年，社会民主党与基督教民主联盟一起组成大联合政府，作为社民党党魁的勃兰特成为副总理兼外交部部长。当时，他在西方政坛已有一定知名度，比如英国首相哈罗德·威尔逊就评价他"诚实精明，远远不像基辛格那样刁钻狡猾"，但也有人指出，勃兰特"似乎从不与自己和解，也不懂得负面的个人行为会给他带来口舌之灾以及政敌的奚落"。勃兰特新官上任，在东欧问题上立即采取了与之前的保守派截然不同的态度。他坚持不懈地宣扬"新东方政策"，意欲修复东西方关系，结束对东方拒不认可的局面。勃兰特甚至明确表示自己准备直接与民主德国和苏联展开对话。苏联 1953 年镇压东柏林骚乱以及 1956 年出兵干涉匈牙利和波兰动乱，勃兰特和他的秘密代理人埃贡·巴尔（Egon Bahr）见证了这一系列事件，他们意识到莫斯科才是造成东西方紧张局势的根源。因此，如果要与联邦德国的东方邻邦修复关系，是不可能绕开苏联的。

像勃兰特一样，巴尔在政治立场上也有过转变，不同的是，前者是从左派转为中左派，而后者是从右派转为左派。巴尔曾经在西柏林的美国阵线电台工作过，但之后主张建立欧洲安全体系，并在 1973 年之前一直为此付出努力。该体系似乎将联邦德国置于中立位置，苏联被纳入其中，而美国的作用几乎为零。勃兰特和巴尔推行的"新东方政策"承认民主德国的现实地位，改变了近25年来拒不认可的立场。同时，勃兰特政府接受东欧国家现状，这意味着德国将永久丧失奥德河-尼斯河以东的原有领土，第二次世界大战末期苏联解放了这片区域并将此划归为波兰领地。基于这些外交活动，1971年《西柏林协定》应运而生，为1973年民主德国和联邦德国分别加入联合国奠定了基础。勃兰特认可北约和美国的重要作用，同时也认为改善与东方的关系和奉行传统的亲西方的外交方针之间并无冲突。

在德国人看来，尽管国家在战后一分为二，却也出现了两个意想不到的契机：第一，美国为重建欧洲提供了帮助并一直支持欧洲一体化；第二，美国和德国有史以来第一次结成盟友。勃兰特担任西柏林市长时曾亲眼见证柏林的冲突和危机，相比其他，他最希望看到德国统一，即便他知道哪怕只是谈起这个愿望也会加剧东西方的矛盾。因此，勃兰特选择了另外一个词——"重塑欧洲"，他深知弥合欧洲大陆的断层离不开德国的统一。勃兰特的"新东方政策"让西方国家不堪其扰，而现在他完成这些目标的巨大障碍在于：分裂的德国实际上只是一个半主权国家。比起与苏联进行双边接触的宏伟计划，在那些不起眼的政策决断上，联邦德国也需要获得四国的法律支持。但勃兰特确信，联邦德国现在已经有足够的信心制定自己的对外政策且同时不破坏对苏联的让步举措。

勃兰特最初与东方互动时，确实得到了美国的支持。事实上，在勃兰特担任西柏林市长期间，肯尼迪总统曾与他谈论过美国是如何理解"和解"一词的，美法两国对于这个概念的理解也奠定了"新东方政策"的早期基础。肯尼迪表明，只要安保措施得到加强，美国愿意接受德国分裂的现状；约翰逊总统也支持德国与东方和解。当 1967 年 2 月勃兰特与约翰逊和美国国务卿迪安·腊斯克（Dean Rusk）会面时，美方再次强调与东方缓和关系的必要性。腊斯克回忆说："我们赞同威利·勃兰特所称的'新东方政策'……并给予基辛格总理和威利·勃兰特一定的自由，以探索其中的可能性。"几个月后，约翰逊告知两名联邦德国记者：在有关"新东方政策"的任何行动上，联邦德国政府不需要获得美国的批准。但是，随着理查德·尼克松入主白宫，事情发生了某种程度的变化。尼克松就职后不久便表示："我们是最富有和强大的国家，但其他国家也需要分担一部分责任。"勃兰特对此理解是：联邦德国在追求独立的外交政策上仍有一定的操作空间。外向的国务卿迪安·腊斯克也同样暗示说："也许人们必须考虑，关于维持自二战以来的和平局面的这个决定是否已经过时。"

对于 1969 年秋的联邦德国选举，理查德·尼克松和亨利·基辛格十分关注，他们希望库尔特·基辛格总理能够继任以减缓或中止勃兰特推行"新东方政策"。勃兰特对自己的竞选说辞十分谨慎，在谈到对待东方的行动目标时很是轻描淡写。为了进一步扩充"新东方政策"的外交纲领，勃兰特将自己奉行的以联邦德国为中心的政策改称为"亲欧洲政策"。他知道，如果东西方都没有完全做好准备让联邦德国拥有外交政策的主导权，那么他可以通过欧洲来实现，尤其是在戴高乐已经离开政坛的情形下。

正是出于这个原因,勃兰特热切支持英国加入欧洲经济共同体,因为他认为这可以分散法国对于"新东方政策"的公开担忧。9月29日,第6次联邦选举结果出炉,虽然库尔特·基辛格领导的基督教民主联盟和基督教社会联盟(简称"联盟党")获得46.1%的原始选票,略高于社民党42.7%的票数,但库尔特·基辛格还不能高枕无忧。在联邦议院获得简单多数席位的最直接办法,是让联盟党与自由民主党(简称"自民党")组成新联盟。但是,这个办法比再次与社民党组成大联合政府,还要难以实现。毕竟,库尔特·基辛格在1966年尝试过和自民党结盟,但最终失败了。在1969年选举中,自民党获得5.8%的选票,党内有很多成员是年轻的左派分子,包括一些新马克思主义者,而属于右派的资深党员的数量却越来越少。此外,自民党在很多外交事务上态度模糊,比如是否承认民主德国等问题。最后,自民党作为三大党中规模最小的党派,同意与威利·勃兰特组成联合政府,如此一来,社民党在联邦议院便占有了绝对多数席位,以251席对阵235席的成绩领先,这个席位比占据联邦议院半数的248席还要多出3席。勃兰特喜欢说这个成绩相当于"阿登纳所获多数席位的300%"。事实也确实如此,"长者"阿登纳在1949年第一次联邦选举中刚好只获得1个席位的多数优势。但令人遗憾的是,尼克松没有领会到联合政府的这些微妙之处,他错误地致电库尔特·基辛格祝贺对方胜出。之后,在勃兰特第一次访美时,尼克松也没有表示歉意,反而说是助理当时给错了电话号码。

勃兰特就任总理后,他在对待东方的态度上不再含糊其词。他以此为主题写了一本书,书中称"与东方邻邦进行和解是联邦德国外交政策的优先目标。只要条件合适,我们希望可以改善相互之间的经济文化联系并与对方建立外交关系"。在北约理事会的一次闭门会议中,联邦德国外交部部长沃尔特·谢尔(Walter Scheel)在向北约盟国提出上述政策时说:"此领域的紧迫目标是建立东西德之间的一种合理关系,这个妥协办法可以在最大程度上消灭目前的不合理状态。"谢尔继续解释说,这是"新东方政策"的第一个目标,达成这个目标有助于下一目标的实现。"如果我们在此方面能够取得进展,那么第二个领域的目标也会顺利推进,即就德国分裂的诸多问题与东柏林展开谈判。"勃兰特也总是动辄强调说,要克服欧洲的分裂状况,德国内部的这种状况就必须得到解决。他坚称德国的分裂不仅仅指那道柏林墙,还有对民众日常生活造成的严重妨碍。普通德国人无法从东部地区进入西部地区,除非拿自己的生命去冒险。从西向东的人员流动也受到极度限制。联邦德国的人民虽然理论上可以去往民主德国,但西柏林人无法进入东柏林,他们甚至不能跟东柏林人通电话。对普通人来说,电话联络一直到1970年才被准许。

勃兰特分阶段推进着自己的政策,他同意签署《不扩散核武器条约》,虽然阿登纳之前说过此条约比《凡尔赛条约》更令人失望。但是,此举却是争取苏联的先决条件。由于勃兰特的长远目标尚不可知,因此苏联依然有一种现实的担忧,即害怕德国有朝一日会重整军备。美国方面则试图找寻勃兰特在此政策背后的真正动机。虽然联邦德国政府留意应对美国对"新东方政策"的担心，却无法完全打消对方的疑虑。毕竟，勃兰特经历非凡，个人生活有声有色，并且他从未远离是非传言的旋涡。美国驻联邦德国大使一直试图了解这位新任总理，其定期更新的有关威利·勃兰特的人物传略颇为人们津津乐道。他曾经写道，勃兰特是"一个复杂的人物，以种种方式亲身经历过我们这个时代的大多数创伤性事件"。虽然勃兰特成年后跻身政治光谱的中心，但与其社民党同僚不同的是，"他依旧性情多变，令人难以捉摸，部分原因无疑是隐藏在他内心深处的过往经历"。美国驻联邦德国大使馆和在波恩的其他外交人员对勃兰特的个人生活也饶有兴趣：

考虑到他的经历和个人习惯……频繁关注他酗酒的习惯以及他与才貌双全的挪威籍妻子的所谓不合……这些话并非空穴来风。但过去有很多时刻……总理展示出了这样一种能力，在情况看似难以为继的时候，他总能振作起来，拿出足够的干劲努力维系且能适可而止。在他就任市长时危机重重的那几年，西柏林市政厅总是灯火通明，但这种工作习惯对于国家的管理来说，并不可取，因为政府工作注重井井有条的个人和工作作风。勃兰特肯定不是早起之人，因为让很多谈话对象苦不堪言的是，一直到中午之前他们也只是见到几个普通工作人员，在大部分时间里大家一言不发，场面尴尬。

勃兰特遭受批评的地方不止他的个人习惯。美国人还坚称其把自己不当的社交生活方式发展成了总理办公室的作风，"一天结束后，勃兰特和政府核心成员便闲坐在一起，喝着上等的白兰地，夸口谈论他们的行动措施。但除了党内几个挑重担之人，没人愿意出外，把自己的手弄脏"。

虽然理查德·尼克松和亨利·基辛格来自政治光谱的另一端，但是勃兰特宣称自己很崇拜他们。尼克松的外交政策相对自由灵活，他渴望与莫斯科、北京建立友好关系，这让社民党和自民党耳目一新。联邦德国驻美国大使罗尔夫·保尔斯（Rolf Pauls）日后表示，自己踏上新岗位时并不认为美德（联邦德国）关系会进展不顺，尽管美国和欧洲之间存在一些小摩擦。如何与刚上台不久的尼克松政府打交道，联邦德国的政治家经历了一个调整期。他们总结说，肯尼迪和约翰逊政府"缺乏一以贯之的方法"，因而使人难以确定谁是能左右决策的人物，而对于尼克松政府，他们一开始就确定基辛格比国务卿罗杰斯更能影响外交政策的走向。此外，回想起1968年8月苏联入侵捷克斯洛伐克所造成的被动局面，联邦德国人还希望尼克松领导的美国政府可以更加果断地介入欧洲事务。

勃兰特后来在其回忆录中谈道："对我来说，尼克松不仅是在外交政策上需要打交道的伙伴，而且由于我国的特殊利益，他还是最为重要的伙伴，如果他持反对意见的话，我们追求的'寻求和解、实现关系正常化以及积极维和'的政策就可能陷入破产。"勃兰特政府努力打消美国人的顾虑，向他们表示"新东方政策"实际上是以西方同盟作为出发点的，还表示这项政策是从20世纪50年代起源并发展至今的自然结果。但是，对尼克松和基辛格而言，虽然他们也正在和苏联领导人开展秘密谈判，却仍然对此政策持"慎重的保留意见"。五角大楼和国务院的某些部门持同样观点,而美国驻联邦德国大使馆总体上支持勃兰特政府。在美国,反对"新东方政策"的还有一些外交领域的著名人士,如约翰·J. 麦克洛伊、卢修斯·克莱(Lucius Clay)、迪安·艾奇逊和乔治·鲍尔,他们每个人都对战后德国的发展产生了影响且一致认为维持现状比勃兰特的冒险主义更加可取。

早在1969年10月1日,白宫和勃兰特政府就进行了第一次接触。当时,亨利·基辛格致电埃贡·巴尔,对尼克松先前给库尔特·基辛格总理祝贺一事表示道歉。巴尔并未深究,而是跟对方说了三件事。首先,他宣布勃兰特政府会在外交决策上更加独立,波恩不会每两个月就询问美国人"是否还爱我们"。基辛格回复说:"谢天谢地啊!"勃兰特和巴尔在1969年就已经意识到新一届美国政府会支持联邦德国在对外政策上拥有更多的自主权。在联邦德国人看来,这是因为美国面临的挑战日益增多且难于应对。联邦德国驻美国大使馆在发给联邦德国外交部的一封长文电报中强调,理解华盛顿对待其诸多问题的"心理模式"是十分重要的,这些问题包括越南的紧张局势、"种族问题"、"欧洲局势"和大西洋两岸关系。其次,巴尔告知基辛格,波恩愿意签署《不扩散核武器条约》。最后,巴尔表示"新东方政策"的第一步是与莫斯科展开会谈并签署放弃使用武力的协议。巴尔的谈话记录显示,基辛格对这个方案表示赞同,并称"你们的成功也将是我们的成功"。基辛格还提议建立一个"秘密渠道"以便两国政府保持亲密接触而不受到各自行政程序的限制。基辛格之所以提出这个建议，一个更加微妙的原因是他总是无法确定巴尔在多大程度上代表着勃兰特。有一次和巴尔会面后，基辛格指出："这就是巴尔的作风。他是谈话的主角，往往不区分哪些是他自己的观点而哪些是勃兰特的观点。"

勃兰特政府在执政的第一年里，另一项重大的外交举措是围绕欧洲经济共同体展开的，尤其是力促接纳英国加入共同体。法国方面，由于接替夏尔·戴高乐掌权的乔治·蓬皮杜总统更倾向于和解立场，因此随着勃兰特的当选，英国的成员资格几乎是板上钉钉了。蓬皮杜已经明确表示过，他并没有支持戴高乐否决英国于 1963 年和 1967 年两度申请加入共同体的决定。现在，这位法国总统为勃兰特的上台感到忧心忡忡，他开始寻求对联邦德国的遏制措施，以防对方东山再起或是与东欧国家建立外交关系。因此，德（联邦德国）法两国虽然各怀心事，但都认为允许英国加入共同体有助于本国利益。比起对苏联的反感，法国更加不愿意看到德国掌握欧洲的领导权，而且这个国家还有可能实现统一并重整军备。法国支持英国看似是给了旧敌一个机会，但面对一个更加强大且新近出现的对手，这位旧敌至少与自己有着某种同样的担忧。

1969 年 12 月 1 日至 2 日，欧洲经济共同体首脑会议在海牙召开，蓬皮杜承认自己愿意讨论共同体扩充一事。在有着 600 年悠久历史的荷兰国会大厦院落的骑士厅中，勃兰特把握住了时机。事实上，在峰会召开之前，勃兰特就向法新社评论说："西欧六国在 12 月 1 日至 2 日需要在海牙举行一场成功的首脑会议，而会议的结果将取决于巴黎和波恩。"勃兰特在晚间的峰会开幕式上表示:"如今,我们致力于建立更加紧密的东西方关系,而共同体的壮大正是符合我们相互利益的适时之举……我是说如果没有英国和其他国家的加入,况且它们也是愿意加入的,欧洲就无法取得其应有且有能力坐上的位置。"让·莫内在会上也发言称,欧洲有必要增强实力,同时他又暗自期待自己的这番话可以影响法国民众的观点。莫内在接受弗朗索瓦·迪歇纳(Francois Duchene)采访时表示,这将是"我们这个时代的欧洲的伟大变革。这场变革旨在结束国家间的对立状态,代之以各民族的联合以及自由和多样化的环境"。在联邦德国强烈支持英国的情况下,除了蓬皮杜有些犹豫不定,其他一些小国要么无动于衷,要么选择效仿联邦德国。就这样,六国得以在原则上达成协议,开始筹备接纳英国、丹麦和爱尔兰加入共同体。

德(联邦德国)美关系虽然总体向好,但也并非相安无事。比如,我们至今也无法得知,理查德·尼克松于 1970 年至 1972 年间曾在多大程度上干预联邦德国内政以维系勃兰特政府。虽然尼克松和基辛格有时激烈反对勃兰特的"新东方政策",但他们仍认为,联邦德国的成功与否关乎美国与东方尝试改善关系的成败。相互利益的牵制使得德(联邦德国)美两国成为同床异梦的盟友,尽管尼克松在私底下对勃兰特颇有微词,但他常常公开支持对方。在联邦德国国内,反对党认为"新东方政策"预示着联邦德国将走向中立并脱离北约,其中某些内容更是屡遭基督教民主联盟主席雷纳·巴泽尔(Rainer Barzel)诟病,以至于他在联邦议院曾多次警告说要阻挠勃兰特或是让其下台。但是，每当巴泽尔感觉胜券在握时，尼克松都会采取应对行动。

1970年4月10日，尼克松直截了当地向巴泽尔表示，他对勃兰特的政策充满信心。当时正式会见还未开始，白宫椭圆形办公室挤满了媒体记者，尼克松选择此时表态一定可以引起波恩媒体的注意。事实上他与巴泽尔见面时也总是以这种方式重复自己的立场，而一旦媒体离开，尼克松往往又会说出截然相反的话。在此次会见的前几周，民主德国领袖威利·斯多夫（Willi Stoph）和联邦德国总理威利·勃兰特举行了首次谈判会议，联邦德国外交政策转轨正式开启，这让巴泽尔和其他反对党成员极为担忧。同年9月，巴泽尔来到尼克松位于圣克利门蒂的家中拜访，后者再度表示支持勃兰特。在此之前的8月12日，勃兰特政府与莫斯科签订协议，这在联邦德国国内引发巨大争议，巴泽尔不得不倾力维护联盟党的内部团结。按照这份协议，德（联邦德国）苏两国接受东欧各国的领土现状："德意志联邦共和国和苏维埃社会主义共和国联盟都认识到，只有现有边界不受干扰，欧洲的和平才能得以维持。两国承诺无条件尊重欧洲各国在现有边界内的领土完整。"当然，此协议并没有立即获得联邦议院的批准，因此巴泽尔再次扬言要将勃兰特赶下台。

1971年3月，威利·勃兰特写了一封长信给约翰·J. 麦克洛伊，后者对"新东方政策"的怀疑态度众所周知。勃兰特在信中恳切地表示，"新东方政策"是最终解决德国问题和战后现状的关键。承认欧洲领土现状可以改善东西方关系，进而降低东西方对峙所牵涉的财政负担和军事风险。可是麦克洛伊仍然将信将疑。虽然美国人明确欢迎东西方趋于缓和的关系,但联邦德国驻美大使罗尔夫·保尔斯再次明智地观察到美国的国内局势并抓住了其未来的对外政策走向。在发给联邦德国外交部的一份备忘录中,保尔斯认为,美国自 1970 年起由于遭受国内问题的巨大冲击而开始走"新孤立主义"路线。果然,尼克松再次请巴泽尔到椭圆形办公室会面。

1971 年 4 月 14 日,尼克松再次恳求巴泽尔阻止基督教民主联盟反对勃兰特的"新东方政策"。尼克松有此请求,是因为前一日基辛格给他留下便条,称基督教民主联盟"正在承受来自党内的与日俱增的压力,要求与勃兰特政府的政策撇清关系。"日后,巴泽尔表示美国总统的直接干预帮助勃兰特政府凝聚在了一起:"如果没有这次会见,联邦德国内部可能会出现与我们的政府和'新东方政策'公然对抗的局面。"而罗尔夫·保尔斯大使则警告说,如果"新东方政策"当时没有获得批准,那美德(联邦德国)两国的友好关系就会由此终结。

6 月 15 日,尼克松在白宫会见勃兰特并再次鼓励这位联邦德国总理实行其政策。尼克松表示:"我认为一个分裂的欧洲……可以符合美国的利益,如果我们是作为一个强权国家试图介入欧洲版图以吞食残存之地的话。当然,那是老一套的政治、老一套的外交手段,是 19 世纪的外交。"两人讨论的话题还包括柏林、美国在欧洲驻军、中国、货币关系以及大西洋两岸关系。勃兰特离开椭圆形办公室后,基辛格这样评论道:"他就是一个软柿子。"

在 1971 年下半年，美国开始政策转型，不再进一步干涉联邦德国内政。确切来说，这是美国利益所致：美国和苏联领导人之间越有可能举行会谈，尼克松和基辛格利用勃兰特的地方就越少。如果勃兰特因"新东方政策"的批准问题而在联邦议院陷于不利，那么美国就准备袖手旁观。基辛格也开始讲求实用主义，他这样对约翰·J. 麦克洛伊说："我们不会督促'新东方政策'得到批准。你知道我们也不会持明确的反对意见。"此时正值 1972 年春越南"复活节攻势"①的高潮阶段，美国的政策制定者十分担心苏联会迫使勃兰特做出让步。如果勃兰特失利，美国人也不会因为干涉联邦德国内政而遭受责难。就像基辛格的助理赫尔穆特·索南费尔特（Helmut Sonnenfeldt）提醒基辛格所说的："在如此波谲云诡的形势下，我们确实无法承担干政的后果。"

但是，美国在减少对联邦德国干政的同时，却开始策划勃兰特的下台。随着 1972 年秋联邦德国大选来临，美国人期望勃兰特政府倒台。4 月 27 日，巴泽尔对总理提出不信任提案，标志着联邦德国成立以来极端措施首次付诸实施。尽管社民党内部对这份提案意见不一，但绝大多数成员投了弃权票。大家普遍认为，如果有足够多的社民党成员支持不信任案，勃兰特便会失利，继而把巴泽尔送上总理宝座。但是，票选结果最后统计为 247 票比 10 票，巴泽尔以两票之差未能达到多数优势所要求的 249 票。

---

① 指越南战争后期，越南民主共和国及越共在 1972 年 4 月至 10 月，对越南共和国展开的攻势。——译者注

究其原因，我们至今无法得解，也许是巴泽尔的支持者在最后一刻态度反转，或是社民党的贿选传闻确有其事。而勃兰特虽然赢得不信任提案，来自媒体的批评却不绝于耳。勃兰特继续推进"新东方政策"，在其日后的回忆录中我们可以读到："这些政策仅仅在一年前还看似是一种思想实践，如今却几乎全部得以实施……现在的重要问题是在共同体和美国之间建立有机联系，不论是在经济还是政治领域。"在联邦德国国内，直至勃兰特卸任总理之前，他主动与东方和解的政策一直是敏感话题，反对党领袖雷纳·巴泽尔对此不依不饶，力求确保东方已经做出最大程度的让步，尤其是对于德国境内的人员流动等问题。"新东方政策"最终在 1972 年 5 月 17 日获得批准，却是由于大多数联盟党成员投弃权票所致。

在勃兰特和尼克松第一届政府执政时期，德（联邦德国）美关系便是如此一波三折。两位政治家拥有共同之处，主要原因在于他们对待东方的战略独树一帜，但他们的具体战术存在着诸多冲突，这也恰恰是两人太过相似所致。两人都信奉持久改善东西方关系的政策，而这意味着与苏联进行和解。两国也最终克服了与东方寻求关系正常化过程中的相互之间的差异，而这正是冷战得以终结所必须跨越的障碍。两国都认为德国需要弥补其战时所为，以期重新获得邻国的信任。两国还支持英国加入欧洲经济共同体，以便共同体可以更切实地代表所有欧洲人的利益，最终，英国也于 1973 年 1 月 1 日得偿所愿。

一路走来，理查德·尼克松和威利·勃兰特的政治生涯遵循着类似的轨迹。两人都有着敏锐的世界观，善于把非常规思维应用到解决国际问题当中。两人一开始都曾获得外交政策的巨大成功，但日后都被推到国内舆论的风口浪尖，并最终葬送了政治前程。两人在因丑闻被迫下台前都选择了辞职，而在他们各自未竟的事业中，两人本可以有更大作为。两人同在1969年至1974年间任职，而在离职之后，他们继续为各自所关注的全球问题奔走呼号。但是，在1970年年底和1971年的上半年里，就如法美关系一样，德（联邦德国）美关系形成了一种出路，至于这种关系是否足够稳固以应对日后的艰难局面，还需要拭目以待。

第 9 章

英美"特殊关系"

尼克松一贯持亲英立场,他的早期政治生涯受温斯顿·丘吉尔的影响最多。即使丘吉尔本人几乎完全不熟悉他,两人也从未有过任何个人联系,但尼克松对丘吉尔的个人崇拜几乎达到了偏执的地步。

1954年，时任美国副总统的尼克松接见访美的丘吉尔

第 9 章 英美 "特殊关系"

英美两国的关系在二战后的同盟国关系中始终独树一帜,这种"特殊关系"始自富兰克林·罗斯福和温斯顿·丘吉尔执政时期。多年来两国关系虽经历起落——其中因 1956 年苏伊士运河危机曾一度跌至谷底——但两国的继任元首都维持并秉承了这种关系的特殊性。除了文化和语言上的联系,冷战时期两国从情报共享和核武器会谈这两个核心合作领域中获益良多。哈罗德·麦克米伦首相曾先后与艾森豪威尔总统和肯尼迪总统合作,修补因苏伊士运河危机而受损的两国关系。亚历克·道格拉斯－霍姆(Alec Douglas-Home)首相由于在任时间不长而未发挥重要影响,且他在任时美国正经历从肯尼迪政府向约翰逊政府过渡的混乱时期。林登·约翰逊总统虽然从不被认为持有"亲英"立场,但他把哈罗德·威尔逊首相看成是"追随自己内心的人"。事实上,在威尔逊访美时,两人不止一次下令自己的助理离开以便进行私人会谈。从 1964 年到 1967 年,威尔逊及其工党政府积极寻求深化英美关系,其原因是英国此前曾十分频繁地向美国寻求帮助。1965 年 9 月,威尔逊找到约翰逊,想请对方帮忙应对英镑危机。在 1967 年英国经济遭遇进一步衰退时,美国也继续提供了帮助。

同时，威尔逊还寻求与欧洲国家改善关系。1963年麦克米伦政府首次申请加入欧洲经济共同体遭到法国总统戴高乐否决，威尔逊在1967年5月2日再次提出了申请，这一次戴高乐花了整整两周时间，直到5月16日才表示他打算再次否决。戴高乐将军宣称，自1963年英国首次申请成员资格以来，该国并没有做出足够努力去实施之前通告过的加入共同体所需的一系列改革。戴高乐私下里对英国驻法国大使帕特里克·赖利（Patrick Reilly）表示，他原则上并不反对英国申请成员资格，但戴高乐认为英国的经济现状仍然堪忧：英国过度依赖进口食品，以至于会扰乱共同体的农业政策。在同年11月27日召开的一场新闻发布会上，戴高乐做出了正式否决。这位法国总统表示，如果英国要加入共同体，就需要"采取根本性的变革措施……以让整个国家达到经济均衡状态"。对于第二次申请遭到否决，英国民众不像第一次时那样吃惊了。英国在首次申请失败后曾经历了一段反省期，但这一次英国政府肯定其被拒于共同体之处的原因全在于戴高乐一人。可事实上，英国当时面临的挑战远远不止这位法国总统。在整个20世纪60年代，英国持续面临诸多危机：国内经济问题、尼日利亚独立、罗得西亚（Rhodesia）[①]局势、对南非的制裁以及北爱尔兰问题。

正是在这种环境中，理查德·尼克松开始接掌白宫。尼克松

[①] 非洲中南部地区，现划分为南边的津巴布韦和北边的赞比亚。——译者注

一贯持亲英立场，他的早期政治生涯受温斯顿·丘吉尔的影响最多。即使丘吉尔本人几乎完全不熟悉对方，两人也从未有过任何个人联系，但尼克松对丘吉尔的个人崇拜几乎达到了偏执的地步。在丘吉尔的晚年，尼克松一直试图与对方建立联系，包括与丘吉尔的儿子伦道夫（Randolph）和女婿克里斯托弗·索姆斯进行沟通。尼克松认为，自己的政治理念和政坛足迹正是效仿了这位伟大的欧洲政治家，尼克松不断地在他的文字、行动和与别人的谈话中证明着这一点。他总是援引丘吉尔的话来支撑自己的政策决断和执政理念。他一方面把丘吉尔视为偶像，另一方面又将自己的行为和对方相比较以提高声誉。在尼克松的一生中，他一直不遗余力地显示自己熟识丘吉尔，并认定对方就是处理所有对外事务的最高权威。尼克松在白宫办公桌上摆了一张他和丘吉尔的合照，这是他最为珍视的纪念物之一。尼克松吹捧丘吉尔出版的所有作品（共 34 部），他写作的《领袖们》一书也是受到丘吉尔所著《当代伟人》的启发，书中用大量篇幅谈论丘吉尔。但是，尼克松与丘吉尔仅仅有过两次会面，他们的谈话也并未产生任何重大的政治或历史影响。

虽然约翰逊总统与法国的关系并不顺利，但尼克松继承了美英之间牢靠的"特殊关系"传统，即便英国当时的经济和政治陷于衰退而使这种关系日益不平衡。在约翰逊总统执政时期，虽然哈罗德·威尔逊首相看起来总在准备着去华盛顿参加会谈，或是刚刚会谈结束从美国返回。但事实上，不论是在约翰逊还是尼克松在任期间，他们与威尔逊只有数次正式会面。威尔逊深深了解，英国正面临衰退，且逐渐落后于其他欧洲国家。1960 年，英国的生活水平与欧洲经济共同体的六个成员大致相当，但到了 1970 年，其他几国都实现了更快的经济增长，人均国民生产总值也都超过了英国。

尼克松在就职后，明确表示想要在 1969 年年初访问英国。他指派参议员雅各布·贾维茨（Jacob Javits）作为中间人，负责整个欧洲行程中的访英事宜。尼克松与威尔逊进行了十分坦诚的对话，会谈成果对尼克松来说仅次于他与夏尔·戴高乐会谈所取得的。虽然有观察家指出——其中包括阿利斯泰尔·霍恩（Alistair Horne）[1]——尼克松与威尔逊在意识形态上相左，因此相处并不完美，但两人的谈话记录没有显示这一点。也许这是因为威尔逊和尼克松之间的共同点比他们自己意识到的要多。与尼克松一样，威尔逊从来不被认为属于上流社会，他的家族也没有这样的出身背景。尽管他成功跻身于英国政治体系最高层，周旋于上流社会，但其家庭出身很平凡，甚至在他作为首相入主唐宁街 10 号之后，威尔逊的言谈举止依旧像一位踏实的约克郡人。他身处权力的至高点，生活方式却极其简朴。他天生喜欢居住在郊区，也从不刻意追求那些新鲜的外来品。他曾经表示："如果要我在烟熏鲑鱼和罐装鲑鱼之间做出选择，我会选择后者，而且还要配醋。"他还很喜欢回忆往事："我在北部读书时，班里有一半以上的孩子从来没有靴子或者鞋子穿。"事实上，美国政府记

---

[1] 英国著名历史学家、记者和传记作家。——译者注

录并定期更新的有关威尔逊的人物传略也表达了相同观点:"威尔逊钟爱吸烟斗,喜欢清淡食物,酒量适中(淡啤酒或波旁威士忌)。他喜欢打高尔夫、观看足球比赛,不喜欢鸡尾酒会,对音乐和看戏不感兴趣。"上述每一条几乎都与理查德·尼克松的喜好相一致。

但是,在尼克松总统 1969 年访英期间,他与威尔逊的会谈涵盖了当时面临的全部问题,如越南、中东、北约、欧洲、罗得西亚以及尼日利亚。两人偶尔会中途休息,喝点小酒,这时威尔逊往往会吸上几口烟,但很快他们又会继续工作。威尔逊在他的回忆录中这样写道:"这些会谈……是探索性的,气氛轻松且十分融洽。在就职总统的前几周里,尼克松一直注意收集所有情况以及他在伦敦和其他地方访问时对方的全部观点,并借此形成他自己的政策判断。"威尔逊甚至安排尼克松参观了议会下院,并让他坐在公众旁听席下层的议员席上,而这个区域在平时除了向议员开放,其他人一般都禁止入内。对于访英期间出现的两个小插曲,尼克松也并不在意。因为威尔逊原本认为林登·约翰逊会在 1968 年连任总统,所以指派了乔纳森·弗里曼(Jonathan Freeman)担任驻美大使一职。弗里曼之前曾是左派周刊杂志《新政治家》的编辑,多年来一直是诋毁尼克松的顽固分子。现在尼克松既已入主白宫,弗里曼也不便放弃履职,威尔逊很担心这个任命会让尼克松动怒,但尼克松在访英期间巧妙地回避了这个问题。在唐宁街 10 号举办的一次不带女伴参加的小型晚宴上,尼克松简短发言称:"人们说有位叫尼克松的人当选了总统,他们好奇那个叫弗里曼的还会是新任大使吗？既然我们的角色发生了变化，就让我来摒除所有可能出现的尴尬局面吧。他就是一位新任外交官，而我是新任元首。"尼克松说完这番话，众人纷纷叫好。威尔逊给尼克松传了一张手写便条称："这是我从政 25 年来见过的最有善意和最慷慨大方的举动……成为一名绅士是有可能的——您就已经显示了这一点。哈罗德附。"尼克松之后感谢了比尔·萨菲尔当时给他的关于弗里曼的便条，他写道："这是你的努力——确实很管用。"

此外，尼克松在参加一场英国内阁模拟会议时，也给在场的工党人士留下了深刻印象。这场会谈预期持续两小时，尼克松和他的几个助手是受邀方，对方则是英国政府四分之三的高级官员。尼克松发表了大概三十分钟的开场致辞，像尼克松在其他场合的开场演讲一样，这番话同样名噪一时，在座的人无不深受感染。但演讲过后，就像英国财政大臣罗伊·詹金斯（Roy Jenkins）在回忆录中所写的："咖啡端了进来……总统却莫名其妙地把嵌在桌上的水晶墨水池拿了起来，然后他的手上、稿件上和桌面上都洒上了墨水。"但紧接着更为糟糕的是，内阁秘书伯克·特伦德（Burke Trend）竟把奶油洒在了自己身上，"不知这是否因为他对刚才的一幕太过震惊，还是他认为如果唐宁街也看似有这种类似闹剧的粗心习惯的话，总统便不会感到那么尴尬"。尼克松后来起身离开，但他回来时手上的墨水仍旧没有弄干净，尼克松无法再专注开会，这场会议也就提早结束了。

尼克松到访英国后不久，英国就迎来了一直在苦苦等待的好运气。夏尔·戴高乐在1969年4月辞职，英国看到了加入欧洲共同体的希望。反对党领袖爱德华·希思（Edward Heath）就这么说过："在明后两年内可能还有机会加入共同体。如果想一举成功，我们需要做最细致的准备，因为英国的舆论再也不能容忍第三次失败了。"

毋庸置疑，自从1963年英国第一次申请加入共同体开始，希思一直都是一名亲欧分子，有些人指出他已经有些过头了。当时，麦克米伦首相指派希思访问欧洲，以期为英国的成员资格争取支持。希思在访问雅典时，想要从希腊政府处得知上周刚刚在雅典举行的欧洲经济共同体六国外长会议的商讨结果。希腊首相①康斯坦丁·卡拉曼利斯（Konstantinos Karamanlis）和外交大臣埃万盖洛斯·阿维罗夫（Evangelos Averof）将详细情况告诉了希思。三人用过晚餐后，喝了很多上等白兰地，这时阿维罗夫谈起外长们确实讨论了英国申请加入共同体一事。希思喜不自胜，赶忙问道："结果如何？"对方回答："明摆着的结论就是他们会设置三个条件……因此在余下的时间里他们便在讨论应该确定哪三个条件。""天啊，"希思说道："他们到底会提出什么条件呢？"阿维罗夫说道："条件如下，首先你们必须接受十进制货币制度。"希思回应说："呃，这并非没有可能。我们已经设立了一个委员会查看1853年的这个问题，也许委员会得出结论时，我们

---

① 希腊于1974年开始实行共和制，希思到访时，仍为君主制，故有首相称呼。——编者注

会严肃考虑。下一个条件是什么？"阿维罗夫回答："你们必须在道路右侧驾驶。"希思很是惊讶，说道："这一条就难办多了，但瑞典也这么做了，还保留了方向盘的原始位置，所以我认为如果有决心的话，我们也可以办到。最后一个条件是什么？"终于，这位外长说："就是你们必须把埃尔金大理石雕①还给希腊。"此言一出，三人不禁同时笑了起来。希思评价道："如果想让我们加入共同体，你们应该想出一些新鲜的主意。"现在，到了威尔逊执政时期，英国两大政党虽然都支持本国加入共同体，但威尔逊和希思知道这并非轻易之事，即便是在戴高乐已经离职的情况下。然而，事情的转机出现在于 1969 年 12 月召开的海牙峰会上，法国总统蓬皮杜和联邦德国总理勃兰特为这项工作打下了最初的基础。

在蓬皮杜和勃兰特原则上同意就英国的成员资格一事展开讨论之后，威尔逊于 1970 年 1 月访问了华盛顿，与尼克松总统商谈。威尔逊事后总结说："总统的观点与其两位前任没有多大出入。"换言之，虽然英国加入共同体会对美国经济及英美"特殊关系"造成一定影响，但出于更广泛的政治考虑，尼克松仍对此举表示支持。两位领导人进行了一场深入交谈，谈话的内容还包括东西方关系和苏联提议召开的欧洲安全会议。苏联一直希望召开一次东西方安全会议，因为会议的预期结果——承认东方国家

---

① 古希腊大理石雕刻和建筑物残片，19 世纪时由英国埃尔金伯爵托马斯·布鲁斯运至英国，现藏于不列颠博物馆。——译者注

的现有领土——将有助于提升民主德国的国际地位。威尔逊还表示，尼克松是"这样一类国际政治家，其可以十分深入地与别人讨论某个话题，但也从来不说一句多余的话"。

很明显，尼克松和威尔逊的关系不仅使合作富有成效，还十分热诚友好。对于 1970 年 1 月的那次会面，威尔逊表示："从我 30 年前在牛津大学任教时举办研讨会以来，我从未在 90 分钟的时间里提出过如此多的问题。"此外，与其他欧洲国家领导人不一样的是，尼克松的磁带录音中也没有任何关于威尔逊的负面之词。除戴高乐之外，尼克松更多地与威尔逊分享自己对于世界的展望。依据已有的档案记录，两人的观点在很多问题上都十分类似，如与苏联进行限制武器会谈、希望实现中美关系转型以及针对越南谈判进程所提出的各种立场。威尔逊把这些议题看成是具有里程碑意义的大事，日后他在私底下这样评价尼克松："在我看来，他似乎有些进退两难……所涉问题的棘手程度也许是其三十几位前任中的任何一任都未曾见的，甚至是我和他共同的偶像——亚伯拉罕·林肯（Abraham Lincoln）。"

此时，威尔逊政府已是穷途末路。在 1970 年 6 月 18 日的大选中，由爱德华·希思领导的保守党出其不意地取得了胜利，尽管在竞选的大部分时间里民意一直在工党这一边。亨利·基辛格在其回忆录中提到，尼克松在得知希思获胜后很是激动，他满心欢喜地给远在墨西哥市的基辛格致电，使用"开放的电话线路通了四五次电话"，而当天接到尼克松电话的也不止基辛格一人。爱德华·希思在自己的回忆录中提到，大选后的第二天上午，他起床时管家给他端来一杯茶,说"一位叫尼克松的人一直给您打电话,并坚持要和您说话。他至少已经打来了三次电话。我告诉他您要到正午才起床,因此他现在随时可能会再打来"。没过多久,两位领导人终于通了话,尼克松"十分热情"地向希思表示祝贺,说新政府"将是对原有政府的巨大改进"。考虑到尼克松与威尔逊关系较好,这番赞誉显然有奉承希思之意。希思解释说自己马上会去白金汉宫接受首相任命,亲吻女王手背,新政府成员也会在下一周准备就职。尼克松听后有些无言以对,他勉强挤出一句话说:"……多好的体制。"

像威尔逊一样,希思也有着不同寻常的经历。他一生未娶,在音乐上颇有造诣,还写了几本关于政治和航海的书。希思在经济上一直比较拮据,事实上,除他之外,之前担任首相的保守党领袖都有传统上层社会公立学校的背景。希思曾就读于牛津贝利奥尔学院并顺利毕业,这里培养出的英国首相数量最多,希思还担任过牛津大学辩论社的社长。希思也曾是美国战后政治的长期观察家,他曾在自己的一部作品中这样评论:"我见过五位美国总统,每一位都风格各异。"他认为德怀特·艾森豪威尔"是一位随和的父亲式的人物,给仍旧力图从二战创伤中恢复的整个世界带去了信心。""当20世纪60年代社会氛围开始发生转变时",约翰·F. 肯尼迪则代表了年轻和活力。林登·约翰逊"由于越南战争而内外受阻,美国国内不仅分歧严重,其国际影响力也日渐式微"。理查德·尼克松则"最终冲破这些限制,同时在中美关系上注入了新的可能"。

希思上台后,把全部的心血都倾注在力促英国加入欧洲经济共同体一事上,他为此几乎不计任何成本。希思与法国总统蓬皮杜相处不错,这一点对他十分有利。希思是英国首次申请加入共同体的关键性人物,虽然此举最终功亏一篑,但他与蓬皮杜的相识正是由此开始。相比戴高乐并不明朗的欧洲政策,蓬皮杜的政见有所不同。希思在其回忆录中写道:"我在1962年第一次见到蓬皮杜,当时他已是法国的总理。我们在大概两小时的时间里讨论了共同体事宜以及英国得以加入的条件。对于想要创建什么样的共同体机构,他有着十分明确的观点。"蓬皮杜当时也表明否决接纳英国加入共同体并非他的意思。蓬皮杜乐意与英方探讨共同体一事,包括探讨他认为英方需要做出的任何让步。蓬皮杜曾告诉希思:"如果你想知道我的立场,不用费事给我打电话。我不说英语,而你的法语也很糟。你只需记住我是一位农民,而我的一贯立场就是我会支持农民。"

此外,联邦德国政府也发挥了作为中间人的积极作用,在戴高乐于1969年4月辞职后的几周里,联邦德国开始督促法国和英国就后者加入共同体一事取得突破。在勃兰特的敦促下,蓬皮杜在1969年12月的海牙会议上承认他不反对欧洲经济共同体的扩充。蓬皮杜的这番话标志着对戴高乐政策的公然反转,同时也为英国最终获得成员资格铺平了道路。1970年,希思当选首相,而戴高乐于同年离世。此后,英国加入共同体的准备工作基本就绪。但是,在法德(联邦德国)两国看来,英国的准入却又带来了有关合法性的一系列问题。比如,既然这是共同体第一次扩容，因此丹麦、挪威和爱尔兰这三个候选国的准入谈判也就没有先例可援。毕竟，既然英国的准入问题是大家讨论的焦点，那么其他几个候选国的命运便很容易被忽视。同时存在的一种担忧是，随着英国最终加入共同体，欧美关系将如何发展，欧共体政治结构不得不面临何种调整，甚至欧洲安全合作将如何演变。正是基于这些担忧，在经过几轮附加的准入会谈之后，整体谈判才最终于 1971 年 6 月 23 日宣告结束，接着又经历了 18 个月的时间，在 1973 年 1 月 1 日英国等国才得以正式加入共同体。当时的准入会谈主要是在英法之间进行，联邦德国有时也会参与，进行制约或是从旁推动。虽然整体谈判耗时过长，但大部分实质性工作得以在相对短的时间内完成。比如，希思曾给英国驻法大使尼古拉斯·索姆斯下达命令，让后者于 1971 年 3 月 1 日与法国领导人开启最终谈判。五天后，索姆斯按照蓬皮杜的要求与爱丽舍宫秘书长米歇尔·卓贝尔（Michel Jobert）会面，当时法国外交部对此并不知情。希思和蓬皮杜的高峰会晤被确定在同年 5 月举行。索姆斯和卓贝尔还一致同意，两人达成的计划要对各自的政府官员完全保密。法国外长莫里斯·舒曼（Maurice Schuman）就一直被蒙在鼓里，事实上他还准备去伦敦参加这场高层会晤。

希思在其回忆录中写道："1971 年 5 月 20 日，一个阳光明媚的星期四早晨，我从英国驻法国大使馆走去爱丽舍宫，与乔治·蓬皮杜总统举行会晤。"这是希思政治生涯中最重要的一场会议。会议为期两天，唯一的主题就是英国加入欧洲经济共同体。但令人惊讶的是，希思在这个如此重要的时刻仅挑选了三名陪同人员：大使索姆斯、首席私人秘书罗伯特·阿姆斯特朗（Robert Armstrong）以及口译员迈克尔·帕利泽（Michael Palliser）。当英方代表团走近爱丽舍宫时，守卫立刻行立正礼，卓贝尔和礼宾长雅克·盛纳德（Jacques Senard）立即迎上前来，把代表团带至位于宫殿三层的总统办公室，这也是夏尔·戴高乐之前的办公地点。蓬皮杜走出办公室迎接，在通往三层的楼梯处碰到了希思一行。之后，双方就一系列问题交换了意见，如欧洲的全球地位以及如何避免共同体成员因"至关重要的国家利益"而产生争端，双方还一致同意"应该在不断扩展的共同体框架中维持个体国家的身份"。虽然这只是在基础层面上的讨论，但法国参议院议长阿兰·波埃尔仍然建议"给蓬皮杜一些时间，让他发展出自己的欧洲政策理念。他的立场有待明确"。毕竟，蓬皮杜正在做的就是扭转戴高乐对于欧洲经济共同体的政策。

为了确保英国第三次申请加入共同体能够如愿，爱德华·希思顶住了来自国内的巨大压力。希思甚至在会见蓬皮杜之前就向威利·勃兰特保证，如果欧洲经济共同体内部意见不一，而这样的情况肯定会发生，那么英国一定会负起责任、保持克制。勃兰特最不愿意看到的就是共同体再次遭受"空椅子"危机，如今希思给他的提要文件让他重新想起了这场欧洲的噩梦。为了回应希思的合作态度，勃兰特承诺，在法国就英国的准入问题举行公投时自己会从旁协助蓬皮杜。希思的提要文件指出："在影响我国有关键利益的问题上，首相必须在谈判中达成具体协议。"在与蓬皮杜的高峰会晤中，希思也同意做出诸多让步，包括接受"逐步并有序地降低英镑的储备货币地位"，承认"法语仍然应该是扩容的共同体的工作语言"以及指出"一系列计划以促进英国对法国和法语的了解"，其中的最后一点，是"如果扩容的共同体需要建立任何机构以制定外交政治领域的欧洲政策，英国政府将同意这些机构在巴黎选址"。

希思还同意英国政府发起一场宣传运动，在英法峰会召开之后立即进行舆情引导。一份来自英国外交和联邦事务部的最高机密报告称："在《泰晤士报》开辟整版的广告专栏，多位英国各界精英（除了政界人士）将表示支持英国应该加入欧洲经济共同体的决定。"报告还表示："应该做到不引人注目且尽我们所能地争取更多人在'支持加入欧洲共同市场的请愿书'上签名。"当高峰会晤于第二天结束时，两位领导人和他们的口译员来到爱丽舍宫的接待大厅，宣布他们已经"就英国加入欧洲共同市场一事达成了完全一致意见"。希思后来评论说："这是我生命中最重要的时刻之一。"在希思的全力配合下，法国顺利举行了关于英国准入资格的全民公投。1972 年 4 月 23 日，在政府的官方支持下，68% 的法国选民对英国加入欧洲经济共同体投了赞成票。虽然弃权票的比重出人意料地高达 39.5%，但最终结果并未受到影响。

获得共同体成员资格代表着英国外交的胜利以及希思的个人成就，但英国同时也为此付出了代价，尤其是在和美国的关系方面。同年晚些时候，由于英国的对外政策开始偏离英美"特殊关系"而朝欧洲方面调整,两国关系开始有所变化,虽然这一点没有直接的证据支持,但可以明确的是希思在1971年5月与蓬皮杜的高峰会晤中认可了一项关于疏远美国的秘密协议。这一协议是英国外交政策重大转型的唯一依据,而且确定无疑的是,希思政府如此背离本国传统的外交路线,并非英国的国内压力所致。对于蓬皮杜来说,虽然他不是美国的敌人,但他与希思达成这份秘密协议可能仅仅是为了安抚法国的国内舆论,抑或是他需要这样一种保障措施以避免英国在加入共同体之后充当美国用以影响欧洲的工具。

无论如何,在尼克松的磁带录音中,我们可以很明显地感受到美国政界领袖对英国对外政策转轨的愤怒情绪。美联储主席阿瑟·伯恩斯(Arthur Burns)就表示"英国人不再拥有任何政治依靠,因为他们即将加入共同市场,他们必须和欧洲人玩游戏"。按照英国驻美大使克罗默勋爵(Lord Cromer)的说法,亨利·基辛格曾暗示,如果英国不是为形势所迫而加入共同体,对于美国就更加有利。美国财政部长约翰·康纳利(John Connally)则保持了直言不讳的一贯作风,表示英国加入共同体不符合美国利益。康纳利说,英国人"为了确保加入共同市场而不惜一切代价,因此他们也会挑拨我们和其他国家的关系"。甚至尼克松总统也表示:"这个过程涉及强大的政治力量和政治运动,而我们必须努力把经济和政治联系起来。"尼克松还说:"我们必须取得这样的联系。英国和欧洲不一样,欧洲如果没有美国的支撑,便永远无法对抗苏联的任何阴谋,更别提应对战争了。它们也知道这一点。"而英国无论寻求多大程度上的政治独立，它仍旧会在防御承诺上与美国产生联系。但是，即使英美"特殊关系"的紧张态势已经显露，尼克松仍旧支持英国加入共同体。他说："我认为没有英国的加入，欧洲在政治运作上就会失效，因为联邦德国和法国之间的问题已经不可调停。意大利人不会起到任何作用。而英国的加入将给予共同体一种政治责任，否则，共同体永远也不会具备这种责任，这一点十分重要。"

但是，尼克松承认他也有原因不支持英国的准入资格。"现在硬币的另一面是，支持英国加入共同市场在经济上并不符合我方利益，当然这是就短期而言，从长期来看也许并不如此，因为我们相当于创建了一个 3 亿人的贸易联合体，这对我们确实有利。"但尼克松同时知道，自第二次世界大战之后，英联邦架构日趋松散，这使得英国一直在寻求对外政策的一致性。尼克松表示："现在，英国人民从政治的角度出发想要加入进来，以便在世界事务中多少发挥一个强国的作用，他们也知道游戏规则是由我们来制定的。别一方面我们也许需要对此重新做出评估。"虽然尼克松偶尔发出这样的口头威胁，他却很少付诸行动，对于英美关系，他越来越失望。

直到 1974 年春天，尼克松仍试图寻求与希思政府建立更加紧密的关系。希思在自己的回忆录里也认识到了这种努力。但是，尼克松在最初的关键性判断上失误了。他推定，一旦希思代替威尔逊入主唐宁街 10 号，美国无疑会从中受益，因为在尼克松看来，任何一位保守党领袖都要好过工党领袖。但是，这种观点并未考虑到希思将对外政策的重心朝欧洲调整所产生的后果。从本质上说，希思追求两种独立的外交政策。一方面，他需要说服法国和欧洲经济共同体，表示它们才是英国外交的重中之重。另一方面，希思试图说服尼克松相信他了解英美关系的重要性。希思最终成功带领英国加入欧洲共同体，这一点足以让他青史留名，但他执行的两种外交政策却同时宣告失败。如本书后面的章节所呈现的，由于这种外交失败，英国最终于1974年至1975年围绕加入欧洲共同体的最初条件开启了漫长的重新谈判。亨利·基辛格日后记述说，希思与尼克松的关系"让双方都感到失望……希思与尼克松有太多相似的个性特点，他们都是典型的孤高之人，难以建立一种个人联系……（希思）不失个人魅力，却又不时表现出冷若冰霜的性格。他情绪多变，难以捉摸，令人防不胜防。尼克松与希思谈话之后，总会产生一种被冷落的感觉，进而认为首相对待自己几乎就是一种高人一等的态度"。

研究战后英国首相的学者阿利斯泰尔·霍恩表示，"希思是唐宁街10号最古怪的主人"。玛格丽特·麦克米伦（Margaret MacMillan）[①] 则暗示说，希思采取疏远美国的外交政策，其关键的转折点是希思选择不理会美国采取的秘密对华行动。一旦希思奉行亲欧而非亲美的外交政策，英美关系的"特殊性"实质上就

---

① 出生于加拿大的历史学家，牛津大学圣安东尼学院教授。——译者注

已经比不上战后的任何时期了。在希思掌权时期，英美关系仍占据重要位置，但从属于与欧洲优先发展关系的议题之下。英美关系的艰难局面一直到 1974 年哈罗德·威尔逊重新掌权后才得以改观。

第 10 章

尼克松磁带录音之原委[1]

从富兰克林·罗斯福到理查德·尼克松这六位总统，在他们留给后人的政治遗产中，都包含了一份颇具争议性的官方档案。罗斯福总统曾下令在厚实的椭圆形办公室地板上打孔布线，杜鲁门总统在其办公桌的台灯上安装了窃听器，肯尼迪和约翰逊总统使用了可以人工操作的口授录音带系统，而尼克松总统的磁带录音长达3 700小时，日后总统本人也因录音系统遭到披露而提前离任。

---

[1] 本章的部分内容发表于《白宫研究》杂志（White House Studies）第八卷第二期（2008年）。——作者注

位于美国加利福尼亚州的理查德·M. 尼克松总统图书馆

从富兰克林·罗斯福到理查德·尼克松这六位总统，在他们留给后人的政治遗产中，都包含了一份颇具争议性的官方档案。罗斯福总统曾下令在厚实的椭圆形办公室地板上打孔布线，杜鲁门总统在其办公桌的台灯上安装了窃听器，肯尼迪和约翰逊总统使用了可以人工操作的口授录音带系统，而尼克松总统的磁带录音长达3700小时，日后总统本人也因录音系统遭到披露而提前离任。毫无疑问，这些录音资料在未来几十年内仍然是历史学家关注的对象，甚至在写作此书之时，肯尼迪、约翰逊和尼克松政府的录音仍有超过四分之一未公开。对于"孜孜以求的倾听者"来说，总统与高级助理、记者以及历任和未来领导人之间的秘密录音一方面可以进一步佐证我们已经掌握的文字档案，而另一方面也会偶尔改变我们对几十年前所发生事件的主观看法[1]。

特别要指出的是，虽然理查德·尼克松的录音数量最为庞

---

[1] 对于尼克松白宫录音带被披露一事，亨利·基辛格做了一番细致思考："一些孜孜以求的倾听者将其用于历史研究，其价值一定令人怀疑。"见亨利·A.基辛格《动乱年代》（*Years of Upheaval*）（Boston：Little, Brown & Company, 1982）第111页。——作者注

大，但它们除了在水门事件中夺人眼球之外，却最少被人们使用或理解，这一点似乎颇为讽刺。虽然 20 世纪 70 年代以来有数百份出版物提到了尼克松的录音磁带，政府官员、研究尼克松的学者和尼克松的拥护者对尼克松安装窃听器一事也纷纷做出推测，但关于该录音系统问得最多的问题仍然是尼克松最初为何决定给自己录音[1]。随着技术的进步，我们现在可以更轻易地听懂并转写这些磁带，我们也能清楚地听到尼克松本人在录音中描述安装录音系统的缘由、过程及其可能的用处。这些对话资料大体上印证了尼克松在其回忆录中的观点以及录音系统本身的诸多细节，但同时也暗示了对话录音具有更隐秘的政治用途。

理查德·尼克松于 1969 年 1 月 20 日到任白宫时，最初拒绝了林登·约翰逊提出的对会谈和电话进行秘密录音的建议。两年之后，即 1971 年年初，尼克松改变了主意。尼克松在其回忆录中列举了几条理由，说明当时为何决定录下自己在各行政处室的对话。主要原因在行政和历史层面，尼克松希望他的政府是"有史以来被记录得最全的"。尼克松回忆说，他"想让每一场重大会谈都有录音"，而之前的会议记录系统"不论是在重要的国家安全会议上进行逐字记录还是对于礼节场合的'生动报道'，都显得烦琐，……因为安排人在房间里做笔记并不总是方便或合适的"。

---

[1] 有关尼克松的拥护者的讨论，见约翰·伦纳德（John Leonard）对加里·威尔斯（Garry Wills）所撰《斗士尼克松》（*Nixon Agonistes: The Crisis of the Self-Made Man*）（1970 年 10 月 15 日）一书在《纽约时报》上发表的书评。——作者注

尼克松不想要一套必须手动开关或是难以操作的系统,于是特工处安装了这套由语音启动的系统,只要尼克松在录音的范围内,一切都可以被录下来。最初该系统只安装在椭圆形办公室,之后扩展到了总统日常活动的范围:行政大楼里尼克松的办公室、内阁会议室以及戴维营等处。这套录音系统成了尼克松政府执政时期最为保密的事项之一,即便是尼克松的高级助理,其中很多人也不知道自己是被录音的对象。直到 1973 年 7 月当亚历山大·巴特菲尔德(Alexander Butterfield)在参议院水门委员会宣誓作证时,尼克松政府 3 700 小时的磁带录音才被外界所知。

******

1971 年 2 月 16 日
理查德·尼克松和亚历山大·巴特菲尔德
椭圆形办公室

尼克松:这东西在这儿怎么用?

巴特菲尔德:呃,他们(特工处)正在解决这事。启动(此处不清)探测器打开(此处不清)机器就开启了。(此处不清)您对此也许并不惊讶(此处不清),探测器打开。它告诉我们您的位置,包括(此处不清)办公室(此处不清)。它是自动运转的,所以它现在正在工作(此处不清)。

尼克松:系统现在关了吗?还是在工作?

巴特菲尔德:您现在正戴着探测器,又在办公室里(此处不清)它靠语音启动——

尼克松：好的。

巴特菲尔德：——所以您不用自己去开关。

尼克松：噢，这很棒。有没有可能弄到两套系统？你知道，这么做的目的是要把所有的事记录在案——

巴特菲尔德：是的，先生。

尼克松：——出于职业原因。

巴特菲尔德：是的，但如果内阁会议室也是语音启动的话，那里的活动一直比较多——

尼克松：是。

巴特菲尔德：（此处不清）材料很快就会用完（此处不清），这样的话——

尼克松：是。

巴特菲尔德：我的意思是您进来但（此处不清）可以选择关掉它，这样便不会录音。我可以看出系统啥时开关，但只有从我的办公室才行。没有办法看出（此处不清）。系统在运转时，您只需记住我们选择性地（此处不清）。

尼克松：好的。

巴特菲尔德：可以用它来做笔记（此处不清）。我早上与鲍勃正查看此事（此处不清）。

尼克松：嗯。

巴特菲尔德：我们还会监控这个系统。（此处不清）他提出了此事。

尼克松：怎么监控呢，亚历山大？由你在这儿运作吗？

巴特菲尔德：呃，不是。我会监控这个（此处不清）。

尼克松：我不想这个系统有监控，你明白吗？

巴特菲尔德：（此处不清）。

尼克松：将它录制下来——做成录音带，会怎么样？

巴特菲尔德：是做成录音带，是的，先生。

尼克松：那就是了，呃——

巴特菲尔德：除了霍尔德曼、齐格勒（Ziegler）、您和我之外，只有五个人知道这事。是特工处的五人——都不是泰勒那边的①。

尼克松：嗯，不是。

巴特菲尔德：没有泰勒那边的人。他们都（此处不清）。

尼克松：是，这用于，呃——

巴特菲尔德：他们只是更换卷轴，他们没法监控。

尼克松：是。

巴特菲尔德：这比找到我们需要的东西要简单得多。

尼克松：让（此处不清）和霍尔德曼负责这事。

巴特菲尔德：好的，先生。

尼克松：他（此处不清）。

巴特菲尔德：（此处不清）他之前在军队干过。在我们需要时他进行了安装和维护工作。（此处不清）特工处（此处不清）。

******

从1973年录音系统被披露到1994年尼克松去世，尼克松一

---

① 罗伯特·H. 泰勒（Robert H. Taylor），主管约翰逊总统和尼克松总统时期的白宫特工队伍。——作者注

直坚称他进行录音主要是出于历史原因。尼克松强调，录音系统的隐秘性超过了与被录音对象隐私权有关的任何异议，录音系统为其日后写作回忆录以及记录重大会议带来的好处也超过了维护该系统所花费的成本和人力。录音系统可能还有其他政治功能，这一点不应被怀疑，尼克松也没有予以否认。

在尼克松的幕僚长霍尔德曼看来，使用录音系统记录历史只是"一种次要的好处"，尼克松进行对话录音的"主要意图"与几位前任总统一样，在于保护自己"不被其联系人经常犯的记忆失误所连累"。霍尔德曼认为，使用磁带录音"不是为了给历史学家提供用以仔细研究的资料，而只是为了总统一人——当来访者……所说的话与他们之前和总统的私人会谈内容相冲突时，它可以被用作一种参照"。霍尔德曼指出磁带录音的"次要好处"是给尼克松提供"为其个人使用的有价值的参考资料"。幕僚长还强调录音带"从来不是让历史学家去使用"[1] 的。

---

[1] 出自霍尔德曼与戴蒙纳合著的《权力的终结》(*The Ends of Power*) 一书 (New York: Times Books, 1978) 第 192 页。尼克松和霍尔德曼都分析了前任总统录音的原因。尼克松认为，其前任林登·约翰逊"安装的录音系统涵盖其办公电话、卧室电话、戴维营的电话、斯通沃尔 (Stonewall) 农场的电话以及奥斯汀 (Austin) 办公室的电话。除了电话设备，他还在内阁会议室以及与椭圆形办公室相邻的私人办公室安装了传声器。在椭圆形办公室外的房间，曾经还有一套录音设备可以录下房间里的对话，约翰逊的访客会先在那里等候再被带到总统办公室。约翰逊安装的设备需要手动，这可以让他决定录下哪些对话……约翰逊认为我决定弃用这套录音设备是个错误，他觉得他的录音带对于撰写回忆录无比珍贵"。见尼克松所著《尼克松回忆录》(*RN: The Memoirs of Richard Nixon*) 第 501 页。从上面的对话原文可以看出，霍尔德曼没有那么理想化。值得注意的是，霍尔德曼晚年偏离了《权力的终结》一书的观点，他用只读光盘和添加注解的形式发布日志以修订之前的记录。——作者注

******

1971年2月16日

理查德·尼克松、霍尔德曼和巴特菲尔德

椭圆形办公室

巴特菲尔德：您没有别的事想要现在问我的吧？这儿，这个语音，我跟总统解释过了秘书无法——

尼克松：没有了，不要让其他人知道此事。我的话不要被转写出来。

巴特菲尔德：对。

尼克松：这全部，基本上说，要归入档案。我的档案。我不想归于你的或者鲍勃的或其他人的档案。只是我的。

霍尔德曼：好的。

尼克松：今天我的（此处不清）。基本上说，总体的目的就是（此处不清），这样，也许有一天我们会需要用到这些资料，比如，也许我们想发布某些正面的内容，也许我们需要某些内容，只是为了确保我们可以纠正记录。但我们要（此处不清），就是这样。还有，我与别人会面时，不需要有人在场。

霍尔德曼：是的。

尼克松：这就好多了。我可以进行私人谈话，想谈什么都可以，同时不需要有人在场，你知道我一直想这样，除非我觉得我需要他们做什么或是发挥缓冲作用。当然，那样的话，我就会让他们在场。所以我认为这个效果应该不错。这个系统很好。

　　霍尔德曼：只是别告诉任何人您安装了这套系统，也别试图隐藏什么（此处不清）——

　　尼克松：（此处不清）

　　霍尔德曼：任何时候需要使用其中的任何内容，都将是基于"您的笔记"或"总统的笔记"——

　　尼克松：是这样。

　　霍尔德曼：或者"我的笔记"或是——

　　尼克松：（此处不清）比如，你今天没有要使用的内容。那就别管它了。把它归档。今天的所有内容都要归档。

　　霍尔德曼：好的。

　　尼克松：不错吧？

　　霍尔德曼：我觉得这套系统会很棒。

＊＊＊＊＊＊

　　录音带录下的第一段对话显示，总统助理巴特菲尔德为总统简要说明了新安装的录音系统及其工作原理，这证实了磁带专家长久以来所猜测的细节信息。巴特菲尔德告诉总统，该系统由语音自动启发并与总统本人的探测器系统相连。巴特菲尔德说："您现在正戴着探测器，又在办公室里。"并且，由于系统是"语音启动"，总统不需要"自己去开关"。尼克松询问了是否有可能将当时只安装在椭圆形办公室的这个系统扩展到其他地方。尼克松强调了决定进行磁带录音的原因："你知道，这么做的目的是要把所有的事记录在案。"这个原因与他后来在回忆录中所写的一致。巴特菲尔德承认可以扩展录音系统，并且如果是出于记录保存的目的，这些录音资料可以被用来"做笔记"。巴特菲尔德还告诉总统，他已经和幕僚长霍尔德曼查看了这个潜在用途，并指出这套系统属于办公室机密，因为"除了霍尔德曼、齐格勒、您和我之外，只有五个人知道这事"。

同一天上午的晚些时候，尼克松与巴特菲尔德和霍尔德曼还有过一段对话。当时，尼克松显然已经考虑了巴特菲尔德之前提到的录音系统的各种潜在用途，包括可以将录音进行文字转写。他命令说："不要让其他人知道此事。我的话不要被转写出来。"如果出于某种原因可能需要使用录音材料，则像尼克松所表示的，"也许我们想发布某些正面的内容，也许我们需要某些内容，只是为了确保我们可以纠正记录。"霍尔德曼指出，纠正记录只能"基于'巴特菲尔德的笔记'或'总统的笔记'或'我的笔记'进行操作"，而不能提及存在录音系统的事。

此外，尼克松和霍尔德曼讨论了秘密录音系统的其他潜在用途，包括查看关于披露内务部副部长弗雷德·拉塞尔（Fred Russell）已被"解雇"一事的录音带。在这段对话中，尼克松就如何向媒体披露拉塞尔辞职和被解雇一事曾下达指示，现在他建议霍尔德曼使用该录音带。霍尔德曼对录音带显然饶有兴致，他向总统建议"我们就用录音吧"，但同时又建议使用录音带应基于"总统的笔记"。尼克松再次表明自己不愿意将录音进行文字转写："除非是重要情况，我不想你转写这些录音资料。你明白吗？"

在涉及录音系统的最后一段值得注意的对话中，尼克松总统考虑使用对话录音，一方面为新闻秘书罗纳德·齐格勒（Ronald Ziegler）召开新闻发布会提供素材，另一方面作为一种保存记录的方式。尼克松有些健忘地问霍尔德曼，总统助理巴特菲尔德是否知道三天前安装的这套系统。霍尔德曼不敢相信总统的记性如此之差，回答说："是的，先生。他当时负责安装了。"关于将录音带用于记录保存，尼克松直言："除非有我的命令，我不想转写任何资料。"霍尔德曼表示同意并暗示要对录音系统守口如瓶："是这样……更别提转写了。告诉（巴特菲尔德）回去听录音，就是做做笔记……就像他是一直坐在这儿做笔记一样。"①

所有涉及录音系统的安装和操作的对话都谈到了使用录音材料来做会议记录或笔记以便存档。在其中一段谈话中，尼克松向霍尔德曼抱怨在开会时安排一位笔记员在场的问题："每时每刻都有某个人在场是不行的。"之后尼克松在自己的回忆录中也提到了这一点。尼克松政府持有的数量庞大的对话备忘录（简称为"Memcons"）、电话交谈（简称为"Telcons"）的文字记录、会议记录、日记、档案记录以及几百万页的书面文件，证实了尼克松渴望拥有一份彻底、可靠且准确的档案资料，同时这些资料又可以为其政府歌功颂德。

尼克松认为保持录音系统的隐秘性至关重要。他明确告知霍

---

① 1971年年初，尼克松希望解散阿巴拉契亚地区委员会、减少区域社会开支，此番讨论可能源于此。尼克松提到了政策角力中的两名人物 John Waters 和 Jack Williams，称因此要使用录音带以查看白宫认为可能会引起争议的会议或者没有得到媒体正确"报道"的会议。——作者注

尔德曼和巴特菲尔德，如果没有自己的指示，不得对录音进行转写，以便尽可能减少他人对于自己被录音的怀疑。至少在初始阶段，尼克松认为录音可以用于政治目的，并渴望借此操控会议记录。有一段对话录音讨论了记录保存以及诸如"解雇"弗雷德·拉塞尔这样的政治事务，另一段对话录音则表明尼克松希望减少区域性的社会开支。同时，虽然尼克松尽全力维持录音系统的隐秘性，但作家安东尼·萨默斯（Anthony Summers）得出结论，认为一些精明的国外政要以及包括约翰·迪安（John Dean）在内的国内名流都怀疑自己是被录音的对象，尤其是在尼克松安装录音系统后，即使是冗长繁复的会议也不再使用笔记员，总统似乎也不想要任何会议总结，这让一些来访者颇为惊讶。

上述这些对话同时也证实了尼克松选择安装自动录音系统的一些深层原因。尼克松日后把这些录音带称为一份"客观记录"，并表示："选择性地录下某些对话会完全破坏安装录音系统的目的，如果录音带是要客观地记录我任期的情况，就不能有这种明显的利己倾向。我不愿意去想该对谁录音、录下什么内容或是何时进行录音。"巴特菲尔德认为，由于总统对技术并不在行，因此选择自动录音系统顺理成章[1]。历史学家大多也认同这个观点。虽然无法得出定论，但录下的第一段对话印证了尼克松和

---

[1] 有关录音系统的更详细描述，见 John Powers 的 "The History of Presidential Audio Recordings and the Archival Issues Surrounding Their Use" 以及 William Doyle 所写 *Inside the Oval Office: The White House Tapes from FDR to Clinton*（New York: Kodansha International, 1999）第 167—196 页。——作者注

巴特菲尔德的上述观点。当巴特菲尔德告诉尼克松录音系统不需要人为开关时，后者表现得很高兴并称进行录音是出于"职业原因"。

尼克松在其回忆录中写道："不久后我接受了（录音）成为我工作环境的一部分。"① 有多次对话录音证实，除了在开始录音的头几周，尼克松在大多数时候并未主动意识到录音系统的存在。在456-5谈话中，尼克松忘记了巴特菲尔德曾指导安装录音系统，而特别提到了该系统的所有三段对话都发生在1971年2月16日系统开始运作后的第一周。有可能的是，从录音开启到现已公开的截止到1972年11月的对话录音中，还有更多的对话提及了录音系统。如果是这样，这一内容还有待我们从总共数千小时的磁带录音中做进一步发掘。尽管这种可能性微乎其微，但美国国家档案和记录管理局的工作日志却十分可靠且准确，这些工作日志证实了工作人员已经处理完数千小时的磁带录音。确实，尼克松在1971年4月的一段对话录音中再次提到了录音系统，但只是随口一提。我们有理由认为，在这之后一直到1972年11月，尼克松都忘记了录音系统的存在。

尼克松政府如果很快认定磁带录音之前所采用的"生动报道"和其他做笔记的方式不够完善，那么为什么等到尼克松1969

---

① 巴特菲尔德完全赞同尼克松没有主动意识到录音系统的存在这一看法。巴特菲尔德说："我们十分惊讶，（尼克松）竟好似忘掉了录音带一事。我是说，即使是我，有时也坐着不自在，想：'他不会真的要那样说吧？'"见网络资源：http://whitehousetapes.org/pages/tapes_rmn.htm#butterfield。——作者注

年 1 月就职整整两年之后才安装录音系统呢？亨利·基辛格提供了一种解释，他认为在计划对老挝展开突袭一事上，尼克松不想再次遭遇由于前一年对柬埔寨的秘密袭击被曝光而导致的公共关系方面的失败①。但是，尼克松在就任总统之前就已经强行下令拆除约翰逊总统的口授录音系统，他为何又改变心意了呢？这种录音系统是否在 1971 年比 1969 年更具有吸引力？令人遗憾的是，录音带本身只能确证安装录音系统主要是出于历史和政治原因，却无法提供对安装时机选择的进一步解释②。尼克松是否一直在期待与中华人民共和国缓和关系的努力可以萌生实际成果？因为在安装录音系统的两个月之后，即 1971 年 4 月，中美外交通过巴基斯坦方面确实在缓步前行。安装录音系统是否更多地基于越南局势的发展？因为越南问题一直被学者们认定是尼克松政府面临的"严峻考验"。又或者这一切就如霍尔德曼所言以及录音带在一定程度上可以证实的那样，只是出于对内阁成员加以控制这个平淡得多的原因？虽然围绕安装录音系统的时机问题有太多的不

---

① 亨利·A. 基辛格回忆说："就入侵柬埔寨促使（尼克松）做出录音决定而言，这显然在不经意间由我而起，同时我又是被针对的目标。其目的是防止我在参与做出的决策上表现出'好人'的姿态。"见亨利·A. 基辛格的《动乱年代》(*Years of Upheaval*)（New York：Little, Brown & Company, 1982）第 111 页。——作者注

② 一种重要的说法是，胡佛告诉当选总统尼克松：约翰逊总统进行过大范围的出于政治目的的电话窃听，甚至还窃听过尼克松的电话线路和竞选飞机，这使尼克松产生了疑心。见萨默斯（Summers）所著《权力的傲慢》(*Arrogance of Power*) 一书的第 314 页以及霍尔德曼所著《权力的终结》一书的第 4 页、第 80-81 页。——作者注

确定性，但其退出历史舞台的命运却是人尽皆知的。1973年7月，正值水门事件的调查进一步升级，巴特菲尔德向欧文（Ervin）领导的参议院水门委员会作证并披露了录音系统。短短几个小时后，霍尔德曼的继任者——幕僚长亚历山大·黑格（Alexander Haig）——便下令关闭并拆除了录音系统，而此时的尼克松正躺在医院的病房里。

尼克松的国家安全事务助理兼尼克松政府第二任国务卿亨利·基辛格质疑了磁带录音的好处：

各种想法和插话混杂在一起，既有言语失检的古怪之处，也有道德高尚的正式声明，还有与当前问题不甚相关却反映尼克松青年时期所持偏见的种种言论，所有这些都由房间里知晓录音系统的唯一一人操纵，任何不明其究的旁人能从中得出什么客观结论吗？……每一条对话无非反映了当时的对话背景，让人了解到尼克松的情绪变化以及捉摸不定的手段。除此之外，便只能做随意的思考了——也许引人入胜、令人捧腹，但大多数都无法解释总统采取各种行动的原因。

虽然基辛格提出了上述警示，但是如果人们不能接受对主要的政策制定者在当时的言论、行动理由和决策过程的记录，那么何种史料才能被看作真正可信的呢？基辛格认为，尼克松操纵了全部或是至少大多数对话内容，但这一点难以令人相信。这并不是说，尼克松没有间或操控对话来得到相关看法——他确实如此做过，就如基辛格在其《动乱年代》一书中所描述的——但如果说总统控制着他所有的对话内容，尤其是他几乎没有说话的那些对话，这种主张未免令人生疑①。

除了上述对录音带的批评，尼克松所持录音带的数量之多也被证明是一把双刃剑。虽然录音带的音质参差不齐，有的甚至无法辨识，但出于历史研究的目的，研究者必须去听这些录音带并费力地进行文字转写②。如果要把重要的对话转写为较为准确的文字稿，那么尼克松的诸多个人习性及工作方式也是需要考虑的因素。除了音质问题和背景噪声，比如行政大楼出了名的滴答作响的钟表声，尼克松在工作时喜欢听音乐的偏好、他在办公室里走动的声音、麦克风放置不当以及低质量的录音带都可能造成一些对话将永远无法辨识，不论投入多少时间、金钱和精力或是使

---

① 基辛格对于录音系统的主张不足为信的另一个原因在于，基辛格有一个秘书团队负责查看并转写基辛格自己的电话和会议对话内容，其中很多被录了下来——这个事实直到近三十年后才完全为人所知。除了这些录音带，美国国家安全档案馆还在制作为数 22 000 页的基辛格电话内容的转写稿，以纳入档案馆的"解密档案在线"数据库，这可以通过 ProQuest 平台订阅获取。——作者注

② 虽然采取了最好的维护方法，原始录音带仍不免随着时间的推移产生耗损，美国国家档案馆的研究人员一般使用的是原录音带经过多重复制之后的模拟录音。20 世纪 70 年代的录音技术属于模拟录音，前三次按时间顺序公布的录音带都使用了模拟录音带进行复制，由于模拟录音每进行一次复制都会更加失真，这给录音转写工作带来了诸多音质控制的问题。幸运的是，学者已经可以预约使用美国国家档案馆制作的数字音频磁带，从理论上说，使用这种技术复制原录音，音质几乎不受影响。关于美国国家档案馆最初于 1991 年公布的"Abuse of Power"录音带以及随后三次按时间顺序公布的录音带，公众只能获取模拟录音磁带版本，此外 http://nixontapes.org 网站也有公布的录音资料。时间、灰尘和实际的使用/听写给模拟录音磁带造成了诸多音质问题。美国国家档案馆在 2003 年 12 月第四次公布的对话录音为数字光盘版本，从 2007 年 7 月持续至 2013 年 8 月的第五次公布的录音也是这个版本。光盘可以克服磁带的潜在不足。关于录音公布的时间和内容，见 http://nixon.archives.gov/find/tapes/releases.html。

用多少技术资源①。对话中出现的一些结巴而含糊的话，如尼克松常说的"我的意思是……你知道我的意思"，还有低声或是轻声说话以及偶尔出现的外语、口音和地名，都加大了转写出忠实准确的文字稿的难度②。但无论如何，在多年之后的今天，这些录音带对于接受挑战的人来说仍是有待发掘的资料宝库——即使在尼克松为何决定录音这种很小的话题上也不例外。对于众多学者和普通听者来说，理查德·尼克松的录音带就是一份永远的馈赠，而且，由于还有超过700小时的录音资料尚未公布，这份馈赠还将长存下去③。至少现在，我们能够了解这套录音系统存在的缘由，而且是直接从下令安装该系统的这个人的口中得知。

---

① 档案保管员威廉·考埃尔（William Cowell）认为由于录音系统仅为尼克松政府的少数官员所知，所以操作该系统的特工处工作人员常常通过"外部"渠道购买空白录音带，这当然也包括去当地商店购买质量好的空白磁带。——作者注

② 由于录音系统是语音启动，或更准确地说是声音启动，所以留给后人的录音带中有几个小时的噪声时间。这里的低声或轻声说话是指声波无振幅而导致的低音量语音失真，一般是由于讲话者的声音在麦克风的有效范围之外。——作者注

③ 人们广泛认为，尼克松录音带是"一份永远的馈赠"的说法出自调查性报道记者鲍勃·伍德沃德（Bob Woodward）之口，他因披露水门事件而名声大噪，而显然，他也是一边开车一边听录音带。见鲍勃·伍德沃德2009年3月29日"兰登演讲"，网址：http：// www. mediarelations. k-state. edu/newsreleases/landonlect/woodwardtext300. html。——作者注

第 11 章

越南与尼克松主义

在尼克松的越南政策中,他经常用到一种称为"光荣的和平"的两路方案。一方面,在公开的场合,尼克松的言辞十分强硬,动辄下令对越南社会主义共和国部署压倒性数量的军事力量以及实施轰炸行动。然而,另一方面,这些军事力量的动员往往伴随着秘密外交以及逐步减少军事存在的措施。

尼克松访问驻越美军

正如尼克松的白宫演讲撰稿人雷蒙德·K. 普赖斯（Raymond K. Price）经常所说的，如果19世纪60年代是美国的内战时期，那么20世纪60年代在实质上就是另一个"内战"时期。自1969年1月20日尼克松宣誓就职以来，尼克松政府真切地感到其陷入了一种四面楚歌的困境。也许尼克松最为人称道的，是他主动向包括苏联和中国在内的美国竞争对手示好，但是他从上任伊始还是将自己的注意力投向了美国的盟友。1969年2月底至3月初，尼克松总统开启了他的"外交首秀"，他对欧洲议员的讲话甚至早于他的首次国会演讲。尼克松与欧洲各国领导人进行了广泛讨论，这些成果日后成为了尼克松政府晚期外交政策的基石，尤其是在与苏联和中国的关系方面。尼克松也借助这些讨论形成了自己的越南政策。

尼克松入主白宫时，有大约50万美军陷于越战泥潭之中，美军每周阵亡人数多达300人。尼克松认为，打击越共就是要切断越南民主共和国的供给线，即蜿蜒于柬埔寨边境的"胡志明小道"。尼克松还坚信越南民主共和国武装力量正在利用柬埔寨境内的据点作为安全堡垒，因而尼克松在1969年3月下令对柬埔寨进行秘密轰炸，代号为"菜单行动"（MENU）。当尼克松逐步减少在东南亚的美军人数时，对柬埔寨的入侵实际上扩大了冲突的地理范围和严重程度。

在尼克松的越南政策中，他经常用到一种称为"光荣的和平"的两路方案。一方面，在公开的场合，尼克松的言辞十分强硬，动辄下令对越南民主共和国部署压倒性数量的军事力量以及实施轰炸行动。然而，另一方面，这些军事力量的动员往往伴随着秘密外交以及逐步减少军事存在的措施。例如，在1969年6月，美军撤离了25 000人（第一批）。事实上，到1972年，所有的实际战斗人员已经完成撤离，仅留25 000名其他人员在越南。虽然如此，批评人士依然认为尼克松没有尽早结束战争。

为配合两路方案，尼克松还展开了一系列公开及秘密谈判。他公开启用戴维·K. E. 布鲁斯（David K. E. Bruce）等老到的外交官就美军战俘遣返等问题与对手进行谈判，同时，秘密委派亨利·基辛格到巴黎与以黎德寿为首的越南民主共和国代表团会面。这种会见得到了法国政府的秘密支持，有时甚至需要对参与的美法双方人员隐瞒真相。这种秘密谈判直到1972年5月美军对河内及海防港轰炸后，才取得重要成果。当时，尼克松的这些举措很可能会使越南民主共和国盟友苏联取消原定于5月下旬在莫斯科举行的美苏首脑会晤，而签订《第一阶段限制战略武器条约》（SALT I）的目标也可能化为泡影。

******

1972年5月8日
理查德·尼克松、H. R. 霍尔德曼、亨利·基辛格
椭圆形办公室

基辛格：苏联人显然已经命令他们的舰船驻留在港口。

尼克松：在河内吗？

基辛格：在海防港。

尼克松：你认为他们为何要这样做？

霍尔德曼：这样我们就不能炸毁那些码头了。

基辛格：这样我们是不能炸毁那些码头了。呃，我从来不确定是否应该有此行动，因为如果我们这样做了，我们就真的会失去一项资产。只要这个海港被摧毁，他们的舰船就无法进入了。因而这是没有任何意义的。

尼克松：他们什么也做不了，这才是重点。无论如何，只要他们的船在那，我不会炸毁他们的港口。

基辛格：是的，我也不会去管。我们今晚的目标是河内的铁路桥以及——今晚我们要炸毁河内的装运港、铁路桥以及铁路调车场。他们认为在突袭那天得到了一千辆卡车，他们一定想使劲地用。明天他们会去河内的装运港、其他铁路线以及铁路调车场。

******

基辛格：如果苏联人取消峰会，那么我们真正的麻烦就开始了。

霍尔德曼：你会面临另一个心理上的——不会那么糟——不会像你想象的那么糟，因为峰会仍然存在一些变数。

基辛格：是的。

尼克松：呃，亨利，当你说我们真正的麻烦开始了的时候，我们必须意识到，我们现在就有这些麻烦，我们也完全预料到了这一点。换言之，对于这事……我们毫无疑问。

基辛格：对。越南民主共和国将——（此处不清）攻打顺化。如果我们能袭击成功，并击败那里的越南民主共和国对手，我认为——

霍尔德曼：（此处不清）

尼克松：确实如此。

基辛格：呃，他现在——艾布拉姆斯（Abrams）终于按总统的意图行事了。因为他将 30 架 B-52 轰炸机都作为战术空中力量使用。他不给出轰炸目标，只保留这些空中力量，到事态发展后才调用。现在，轰炸机正有计划地瞄准顺化北部与非军事区一带。昨天我们的人投下了 1 万枚炸弹。

尼克松：太好了。

基辛格：30 架 B-52 都出动了。现在，很难想象那里会有任何人生还的迹象。

尼克松：现在来看看峰会被取消的情况。鲍勃，你认为我们是否可以做些什么来处理这个问题？

霍尔德曼：我不这么认为，总统先生，我想您刚刚说了这是——您——是苏联人冲击了您的立场。如果苏联人取消了峰会，要承担后果的是他们。您表示过自己的立场。

基辛格：说得很好。

霍尔德曼：您为和平而行动。我认为这不会给您带来任何问题。我们将握有更高的胜算。

基辛格：……中国方面今天发布了一条声明，说这对莫斯科是一个挑战，说——

尼克松：他们在试图破坏峰会。

霍尔德曼：（此处不清）

尼克松：呃，他们知道，他们看得出来讲话没有提到他们。

基辛格：是的。

霍尔德曼：是的。

基辛格：呃，他们发的声明称，讲话没有提到他们，因为他们知道我们如果在莫斯科看到如今的情况的话，去请求他们没有任何好处。

******

尼克松在1969年7月对关岛的访问对于他早期的越南政策来说是个十分重要的节点。此行途中，他在越南共和国短暂停留，拜访了阮文绍总统，并迎接了降落在南太平洋的凯旋的宇航员。后来，尼克松将他的执政成果与人类首次探月太空之旅进行比较，他认为两者标志着美国人看待世界及其自身世界地位的"范式转变"，无怪乎后来，尼克松在1972年批准了航天飞机项目。

在关岛，尼克松还发表了他在任期间的一次重要演讲，阐述了后来广为人知的"尼克松主义"。一般而言，尼克松主义阐明了美国对外关系的新原则，在实质上体现为减少美国在全球范围内的参与。美国虽然会遵守已有的条约履行相关义务，但对于进一步的承诺将持更加严谨的态度。尼克松的声明反映了两个新趋势：美国对于在全球的军事承诺无论从财政还是人力耗费上都呈现力不从心的态势，美国国内的孤立主义运动正在扩展。尼克松主义虽然短期内聚焦于东南亚的战事，但给世界其他地区也带来了影响，比如，在尼克松任期内，欧洲各国将对自身的防务承担更大的责任。

在越南，这项新政与"越南化"政策并行，后者即尼克松主义在越战中的具体运用。根据这个计划，受美军训练的越南人将逐步代替美军力量，从而实现战争"越南化"。然而，这个计划并不是以线性方式执行的，在尼克松任期内，美国几次增加了对越南的承诺，虽然总体而言，这种承诺是不断减少的，例如，1970年4月30日，尼克松在发表全国电视讲话后，随即增加了对越南的承诺。他宣布美国将进入柬埔寨以清除被认为是越南民主共和国避难所的据点。这个声明引发了尼克松总统任期内规模最大的学生反战浪潮，大量大学、学院和高中共计536所被迫临时关停，而在5月4日，4名肯特州立大学的学生惨遭俄亥俄州国民警卫队杀害。国会于同年撤销了《东京湾决议案》（Gulf Of Tonkin Resolution）[①]。

在尼克松于1972年5月8日下令对河内和海防港进行轰炸和部署水雷之后，基辛格也重新开始了与越南民主共和国方面的秘密谈判。虽然谈判一度被搁置近3年时间，但在1972年，新的局面促使双方在短短数月便形成了协议的初稿。

---

① 美国国会于1964年8月7日通过的决议案，授权林登·约翰逊总统可以采取"一切必要措施"击退对美国武装力量的任何武力进攻。——译者注

******

1972 年 10 月 12 日

理查德·尼克松、H. R. 霍尔德曼、亨利·基辛格、亚历山大·黑格

椭圆形办公室

尼克松：呃，这真是非常漫长的一天——①

基辛格：总统先生——（此处不清）

尼克松：当然。

基辛格：总统先生，您期望的三件事都落实了②，进展很快。

尼克松：你们达成协议了？你在开玩笑吗？

基辛格：不，我没开玩笑。

尼克松：有没有达成协议？三件事情都落实了？

基辛格：谈判虽然告一段落了，我们需要……

尼克松：（笑声）

基辛格：我们一字——

尼克松：我明白了。

基辛格：——不差。我们得到了——一份文本。

---

① 基辛格刚刚结束与越南民主共和国方面在巴黎长达 16 个小时的谈判返回美国，双方达成了结束越战的初步协议。——作者注

② 尼克松为 1972 年确立了三大目标：2 月与中国重启关系正常化、5 月与莫斯科签署《第一阶段限制战略武器条约》、结束越战。——作者注

尼克松：（幽默地）亚历山大——我想问亚历山大，因为你太有成见了，亨利。你对和平阵营成见太深，我无法相信你。亚历山大，你不这么认为吗？

黑格：是的，我也这么认为。

基辛格：如果谈判完成——

尼克松：阮文绍怎么办？

黑格：谈判没有完成。

基辛格：呃，这就是问题所在，但这也是个承诺。

黑格：他想达成这份协议。

尼克松：这不是不能解决的，我们如何处理呢？

基辛格：我需要——我需要去——这是我们必须做的，我必须在周二（10月17日）赶往巴黎，与黎（德寿）逐字逐句地讨论这些议定的事项。

尼克松：然后你就可以拿到正式协议了？

基辛格：没有问题。我认为我们已经有了共识的文本。我留下了人手对文本进行检查。除非，但我已经——你知道，就是以防在最后一刻有人背信弃义。之后我去西贡留下阮文绍。之后，如果他们愿意，我需要去河内——（此处不清）

尼克松：我知道了。

基辛格：这是我们必须承担的代价。

尼克松：呃，如果我们能让阮文绍留下就谈不上有代价。亚历山大，你怎么看？你什么时候安排？

基辛格：那是——

黑格：他已经坐在办公室里了——

基辛格：但是，总统先生，我们目前得到的协议比我们期盼的要好得多。我认为这对他们来说是完全的、彻底的强硬路线。

尼克松：很好。

基辛格：这个协议是——（此处不清）

尼克松：亨利，这不会让阮文绍彻底倒台吧？

霍尔德曼：我想是的。

基辛格：噢，不会。目前来看，这是我们所讨论的最好选项。

******

1972年10月26日，亨利·基辛格宣布越南已经"和平在望"，扫除了在尼克松的连任竞选中可以被称为最大的外交难题。遗憾的是，竞选尘埃落定后，事情的进展却并不顺利，和平依然没有如愿降临。越南的南北双方都开始出现摇摆，12月24日，尼克松决定发动最后一轮轰炸以迫使各方回到谈判桌前，这次轰炸被称为"圣诞大轰炸"，基辛格借此在12月29日达成了新的协议。最终，《巴黎协定》于1973年1月23日签订，具有讽刺意义的是，这恰巧是林登·约翰逊总统逝世后的第二天。虽然约翰逊总统定期听取有关和平谈判的汇报，但他最终没有活着看到战争结束。

******

1973年1月30日

理查德·尼克松、陈文南（Tran Van Lam）[①]、亨利·基辛格

[①] 曾在越南战争期间担任越南共和国外交部部长。——译者注

椭圆形办公室

尼克松：作为和平时代的盟友，我们的关系应该更加亲密。只有我们两国政府携手并行，协议才能延续下去。你可以放心，我方会持续提供军事、物资和经济方面的援助，还有精神上的支持。我们只承认越南存在一个政府，越南共和国将得到承认和支持。

与越南共和国继续保持盟友关系是美国印支政策的关键。我派副总统出访已经充分展示美国将坚定地与我们的盟友站在一起①。你一贯立场坚定，我们对此表示尊重。美国媒体不应该打击你，它们并不能代表美国人民。你应该知道在这个办公室中，你拥有一位朋友。我们都有责任让事态冷却下来，但是，我将敦促中国和苏联遏制它们的朋友。

南：我们对您的方案表示感谢。有时我们与基辛格博士针锋相对，但是我们都很清楚地知道团结在一起的必要性。我们需要表现出我们尽其所能谋求最大利益，但是最终的结果将基于我们之间的良好意愿。

尼克松：那一方没有善意，我对此不抱任何幻想。我们必须创造出一种必要性——这就是胡萝卜加大棒。

南：我谨代表阮文绍总统和我们的国家安全委员会，就

---

① 阿格纽（Agnew）副总统于1月30日至2月9日访问东南亚。——作者注

我方可能给你们造成的种种困难表示歉意。您关于西贡作为合法政府的声明对我们的意义十分重大。我愿意就国际会议的会址表达另外一个观点。在巴黎，他们向我们保证不会有任何示威游行，但在纪念仪式那天却发生了一起。我们告诉舒曼这十分有损法国的尊严。另外一方并没有坚持将巴黎作为会址。我们倾向于另选一处。我认为我们倾向于把会址定在别处。

尼克松：法国方面必须给我们保证，除非没有示威游行，否则我们不能去那。在这样的历史时刻出现示威游行，将与这个时刻的精神相背离。舒曼是个骗子。

南：联合国秘书长也是参与者，因此会址应该是联合国的一处地点。

尼克松：我需要强调的是，你拥有世界上第三大的军队，你必须保持自信。我很高兴你们在协议当日举办了庆祝仪式。我们施予胡萝卜和大棒对河内进行限制。经历了这么多牺牲，现在到了关键时刻。最重要的就是我们的实力和盟友关系。

南：您将为我们的人民而感到自豪。问题在于如何使越南南方民族解放阵线（NLF）从北方越南人民军（NVA）中分离出来。我们必须严格执行这份协议。我们总是应该提防另一方。您能在大会上获得法国的支持吗？

尼克松：蓬皮杜是个好人。我们在大会上要进行细致的博弈。

南：与阮文绍总统安排会见如何？

尼克松：我想邀请他访问圣克利门蒂市的西部白宫①。你可以让他选一个任何方便的日期，3月1日之后的任何时候都行，3月到6月都可以。

---

① 尼克松于1969年买下该市H. H. Cotton庄园的一部分，此处常被昵称为"西部白宫"。——译者注

第 12 章

国内政策

在尼克松看来,总统一职对于国内政策领域并不是必需,反而在外交决策上总统的领导力不可或缺。……尼克松的这种理念也反映了他的个人偏好:他更喜欢事无巨细地参与外交决策。

尼克松与肯尼迪

在国内问题上，尼克松可能是美国最后一位真正采取自由路线的总统。民主党人和共和党人都对尼克松如此定位。但在尼克松看来，总统一职对于国内政策领域并不是必需，反而在外交决策上总统的领导力不可或缺。类似于在外交领域设立的国家安全委员会，尼克松成立了由约翰·埃利希曼负责的国内事务委员会。在很多情况下尼克松会为该委员会的工作设定基调，但并不会完全参与其日常决策过程。尼克松的这种理念也反映了他的个人偏好：他更喜欢事无巨细地参与外交决策。今天，人们对尼克松在国际事务上取得的成就也熟悉得多，比如与中国缓和关系。

在国内政策的很多方面，尼克松寻求保护甚至是扩展"伟大社会"的施政方针。尼克松在第一个总统任期之初便着手逐步加强福利政策，其中包括保障每一个美国人基本年收入的"家庭援助计划"。这项措施会增加被援助者的收益，同时也会减少推动这些收益产生所需要的官僚程序。虽然国会最终没有通过这个方案，但社会保障、医疗保险、包括食品券在内的食品补助以及公共援助方面的支出占据国内生产总值的比重在加大，而国防开支的比重则有所减少。

尼克松致力于推动全面的医疗保险和扩大福利,后者包括保障家庭收入以及增加在食品券方面的开支。在丹尼尔·帕特里克·莫伊尼汉(Daniel Patrick Moynihan)等人的支持下,尼克松将社会保障与通货膨胀挂钩。在经济不景气时尼克松实施了工资和物价管制政策。在环境领域他签署了《清洁空气法》和《清洁水法》,成立了环境保护局、职业安全与健康管理局,发起了第一个地球日庆祝活动。尼克松创立了美国国家铁路客运公司,发起了"向毒品宣战"计划。他还支持教育和艺术,增加了全国教育协会和国家人文科学捐赠基金会的预算。此外,尼克松推行了基于种族配额制度的首套联邦政府肯定性行动方案。

尼克松还大幅扩充了联邦政府的规模,他提议建立新的政府部门和机构,包括商务部、劳工部、交通运输部、农业部以及管理和预算局。尼克松签署了《平等权利修正案》并批准了《教育法修正案第九条》。罗诉韦德案在尼克松任内得到裁定,尼克松还颁布了首个国家能源政策,在全国范围内实施每小时 55 英里的汽车限速规定。如果类似政策是在今日通过的话,尼克松不但会被称为是自由派,甚至还可能被称为激进派,尼克松更加喜欢后面这个称呼。采取行动对尼克松来说有时十分困难,但他一旦做出决定,便会执意采取大胆的行动。对于他的对手,尼克松喜欢出其不意,他在国内政策上的努力虽然也做到了这一点。在国会如此向民主党倾倒的局面下,尼克松的国内政策注定是自由且有扩张性的。

同时,尼克松采取税收分享政策,将 800 亿美元政府支出的责任推给各州和地方政府。尼克松对最高法院也产生了重要影响，他任命沃伦·伯格（Warren Burger）为首席大法官（1969—1986），威廉·伦奎斯特（William Rehnquist）、哈里·布莱克门（Harry Blackmun）和刘易斯·鲍威尔（Lewis Powell）为大法官。尼克松还打算任命首位女法官——米尔德丽德·莉莉（Mildred Lilly），但在美国律师协会称该人无法胜任后，尼克松放弃了这个决定。除某些例外情况，尼克松任命的法官总体上持保守派立场。最高法院在沃伦·伯格的带领下也做出了几个重要的反映自由派理念的裁定，其中最著名的就是罗诉韦德案。

尼克松采取的部分进步政策如下：签署《国家环境政策法》（1969）、《清洁空气法》（1970）、《清洁水法》（1972），成立环境保护局、职业安全与健康管理局、环境质量委员会，并于1971年6月17日发起"向毒品宣战"计划。但是，尼克松绝非自由派心中的理想总统，他也没有保留"伟大社会"的全部施政方针。比如，尼克松撤销了经济机会办公室、弱化了约翰逊的社区行动计划，在他的监督下，《选举权法》的实施过程放缓。此外，他还不赞成旨在促进学校种族融合的校车接送制度。尼克松想要通过这些行动吸引乔治·华莱士（George Wallace）的支持者，华莱士是亚拉巴马州前州长，一直支持种族隔离主义，与尼克松一起参选过总统。尼克松试图将自己定位为受南方民主党人青睐的总统候选人以及"法律和秩序"的卫士，但这个定位在某些人看来却是奉行种族政策的伪装，其真实目的是要限制少数族裔尤其是非裔美国人的数量。

尼克松通过提议成立商务部、劳工部、交通运输部和农业部，扩充了联邦政府机构，同时扩大了前预算局的职能，将其改为管理和预算局。尼克松在 1970 年重新组建了邮政部，改称美国邮政总局，并成立了消费品安全委员会。在尼克松的监督下，劳工部在 1970 年执行了引入配额制度的首套稳健的肯定性行动计划。他还签署了《平等权利修正案》，实现了竞选承诺，并于 1972 年批准了禁止性别歧视的《教育法修正案第九条》。1973 年，最高法院对罗诉韦德案做出了具有里程碑意义的裁定，扩大了妇女的生育权。最后，尼克松制定了首个全面的国家能源政策，1974 年，美国最高驾驶时速限制在每小时 55 英里内，以期节约石油，应对日益严重的全球能源危机。

第 13 章

三角外交

尼克松比大多数专家都更早地认识到，20 世纪 60 年代晚期是美国在其对手面前加强全球地位的机会。他认为中国和苏联这两个共产主义对手并不是一个大的联合体，相反，它们存在着重大分歧。

尼克松夫妇于 1972 年首次访华时游览长城

尼克松以对共产主义的强硬态度建立了自己的声誉，他充满雄心壮志，想要在国内政坛一展自己的政治抱负。尼克松在担任国会议员期间，一直把自己的对手标榜为"共产主义的同情分子"。在众议院非美活动调查委员会任职时，他主导了针对阿尔杰·希斯的调查案。作为艾森豪威尔政府的副总统，他为反对极端主义发声，与尼基塔·赫鲁晓夫展开了著名的"厨房辩论"。但是，尼克松在入主白宫后，却可以说他倾尽全力寻求与中国和苏联这两个共产党执政的国家改善关系。尼克松喜欢说比他保守的人永远不会尝试这些大胆的举动，而那些比他激进的人永远无法在这些行动上取得成功，因为他们得不到保守派人士的信任。事后来看，相比于与欧洲长期盟友的关系，尼克松明显更重视与对手的关系。尼克松曾在1967年的《外交》杂志上发表了一篇题为《越南后的亚洲》的文章，文中他描述了这样一种理想——自己将是第一位出访北京和莫斯科的在任总统。此外，尼克松还建立了一种三角外交体制：利用美国与中国之间更为友好的关系迫使苏联做出让步。通过这些努力，尼克松在外交政策领域取得了丰硕的成果[①]。

尼克松比大多数专家都更早地认识到，20 世纪 60 年代晚期是美国在其对手面前加强全球地位的机会。他认为中国和苏联这两个共产主义对手并不是一个大的联合体，相反，它们存在着重大分歧。尼克松恰好利用了这种分歧，并使美国从中获益。

对于在过去二十年内与美国没有任何外交关系的中国，尼克松悄悄地发送了外交信号。事实上，自冷战以来，不承认"红色中国"一直是美国国内两党均奉行的外交政策。由于美国与中国没有直接接触，尼克松通过与美国外交官有联络的第三方给中国领导人传话，首先是通过罗马尼亚，然后通过巴基斯坦，这个过程存在诸多不便，有时，收到中方的回信要花上数周甚至是数月的时间。讽刺的是，尼克松对共产主义的立场可能是最为极端的，但他在任期间没有与美国的盟友寻求关系的突破，而是寻求与美国的共产主义对手实现关系突破。1971 年，中国乒乓球队邀请美国乒乓球代表团访华，中美关系迎来了真正的外交突破，这就是广为人知的"乒乓外交"。

[①] 想要实际看待尼克松的外交政策，最好的方式是听尼克松的录音带。本章提供了一些录音内容的文字记录，但更多的文稿可见道格拉斯·布林克利（Douglas Brinkley）与我合著的《尼克松的录音带》（*The Nixon Tapes*）（2014年）一书。——作者注

******

1971 年 4 月 14 日

理查德·尼克松和亨利·基辛格

椭圆形办公室

基辛格：周恩来接见了乒乓球队——他是如此精明的一个人。

尼克松：是。

基辛格：他在谈话中说这开启了中美关系的新时代。

尼克松：是吗？

基辛格：是的。

尼克松：（笑声）对一支乒乓球队这么说？

基辛格：（笑声）

尼克松：你知道，实际上——

基辛格：确实是这样——

******

邀请美国乒乓球队访华事项得到了中国共产党领导人毛泽东和周恩来的秘密批准。随后，中美外交接触往高层发展，尼克松委派国家安全顾问亨利·A. 基辛格于 1971 年 7 月秘密访华，基辛格此行的目的是与中方就尼克松总统本人来华访问达成协议。1971 年 7 月 15 日，中美两国同时发表了有关尼克松访华的公告。两国关系能在短时间内取得这样的突破甚至让尼克松和基辛格也感到惊讶，他们原本打算先与苏联讲和，再借此对中国施加影响。但是，随着中方加快了议事步伐，尼克松和基辛格开始将中美关系视为第一要务，进而借助这股发展势头与苏联抗衡。

******

1971 年 4 月 15 日

理查德·尼克松和亨利·基辛格

椭圆形办公室

尼克松：亨利，你知道，我们没有意识到——我认为中国比莫斯科更加……这些人更加需要在意。你怎么看？我不知道。

基辛格：因为以前从未有过。

尼克松：是。

基辛格：当然，还有——

尼克松：当然，让我们正视事实吧，从长期看，这具有很大的历史意义。你知道，当你停下来去想 8 亿人口以及他们将要去往何方……这是……一个做法。

基辛格：当然，我也不想把我们的期望定得太高，但我想到有一件事我没有告诉那个家伙（哈伯德）[1]——

尼克松：是吗？

基辛格：——就是可以想象——事实上也很有可能——他们知道河内想要讲和，他们不想被排除在外。

尼克松：嗯，是。事情自然会解决。说回俄罗斯，我

---

[1] 基辛格在打电话前会见了《新闻周刊》的亨利·哈伯德（Henry Hubbard）。——作者注

在担心塔斯社的那个报道①。我不知道你——你怎么——你也这么担心吗?我们——让我们——我们是否——你能再给沃龙佐夫(Vorontsov)打个电话吗——还是说这样会太过头了?

基辛格:我不能打,我认为这会让我们看起来太急切了,总统先生。

尼克松:嗯,我不想让他们这么认为——你知道我的意思?也许你应该给多勃雷宁(Dobrynin)打电话。

基辛格:不,总统先生——

尼克松:是吗?

基辛格:我给他打过一次电话了。

尼克松:好。

基辛格:我也和沃龙佐夫通了话。

尼克松:好。

基辛格:我今早给沃龙佐夫打的电话。

尼克松:嗯。

基辛格:我让齐格勒发了一条声明。

尼克松:对,这就够了。好的。

基辛格:我认为再多做一点都会表现得过于急切——

尼克松:是。现在这个时候,他们(苏联人)从根本上

---

① 4月15日,塔斯社发表报道称美国和中华人民共和国已开始"互动"。——作者注

说，塔斯社只是——但是塔斯社，这表明他们一定会对……这件事歇斯底里的。

基辛格：是这样。

尼克松：什么？

基辛格：是这样。

尼克松：（笑声）因为他们说，"这揭下了中美关系的面纱"——（笑声）……我们与中国没有任何关系。

基辛格：嗯，他们还——

尼克松：他们一定觉得我们正有所行动。

基辛格：嗯，他们也在利用这件事对付中国。

尼克松：哦？他们怎么做了？

基辛格：呃，因为中国人一直让他们抓狂的一件事是，中国人说他们自己是革命的纯粹主义者，而俄罗斯人是机会主义者——

尼克松：是，我理解。

基辛格：所以这是他们的内部问题之一。

尼克松：我明白。所以他们说我们是——说他们，那些中国人正在与资本主义者勾结。

基辛格：是这样。我认为他们更多是针对中国人。

尼克松：你知道，我认为那些专栏作家和各色人等，他们至少在接下来的两周内会有足够多的东西可写。我没有说是一个月之内——

基辛格：噢，是的——

第13章 三角外交

尼克松：——但两个星期——

基辛格：——但是，当然，两个星期结束后，我们也许会有别的事要告诉他们。

尼克松：是的。

******

亨利·基辛格在整个过程中发挥着不可或缺的作用，但尼克松不止一次地对他人抱怨，与基辛格共事有多么不容易。尼克松在其磁带录音中也几次谈到可以重新分配职责以便使自己不那么依靠基辛格。但是，这些话从未付诸实施，基辛格对决策过程的影响力逐渐增大。在外交政策的诸多敏感领域，尼克松认可对方的才能和作用：在巴黎与越南民主共和国秘密谈判以结束越战、和苏联大使阿纳托利·多勃雷宁开展限制战略武器会谈（简称"限武会谈"），除此之外，基辛格还努力确保自己可以作为尼克松访华特使的唯一人选以正式着手与中国建立外交关系。

******

1971年2月23日
理查德·尼克松和H. R. 霍尔德曼
椭圆形办公室

尼克松：鲍勃，就亨利的个性，（问题是）我们太……难以应对。我的意思是，我这么说吧，如果我们——你知道，我一再敲打他，是为了让他——你看，他又想要参与中东的事情。我说，"别这么做"。我的意思是，我不鼓励他，因为我不知道事情是否有结局。他每天都盼望着那里会打一场仗，因为，你知道——我也知道这事。（此处不清）我仔细看过那场演讲。所以我派萨菲尔去见罗杰斯。我就说说这个例子而已。

我们还存在一个问题，在其他方面，他十分地……甚至嫉妒让黑格参与进来。你知道，我——我给黑格打过几次电话。昨晚我也给穆勒（Moorer）打了电话，你知道，这样我自己也可以跟进，掌握一些情况——我应该这么做，我必须这样。我也只是说说这个问题。他是一个——也许他做得不对，你知道，参与这些谈判，去巴黎和别的地方出访。

霍尔德曼：是的。

尼克松：也并不都是如此，那证明不了什么。我的意思是，我们很多人都做错过。

霍尔德曼：嗯。

尼克松：他一直在尝试。他错了，他尝试了。但他这么说是不对的，"哎，他们要准备好坐不住了"或"他们——我认为他们会抽搐"又或是"我们等着便是"。你知道，所有这类的话，他总是这样觉得。他昨晚的说辞就是，他与多勃雷宁通了电话。多勃雷宁今天也提到了——昨天亨利说他们（越南民主共和国领导人）会愿意再次与他会谈。

霍尔德曼：嗯。

尼克松：我现在一点也不相信。我认为实际情况是亨利又在跟我们灌输想法。亨利说，"是时候了"。我说，"不，还不是时候"。时机还未到，我必须告诉他不要浪费时间。

你看，问题是，我这么说吧，亨利不是一个谈判好手，他不是。他不知道——……他不知道如何——你必须……不能让他参与那样的事情，因为他是一个——他参加谈判就会表现得像参加你的员工会议一样。

霍尔德曼：这是一种态度。

尼克松：他工作能力出色，文采很好，对国家、对我们绝对忠诚，他的优点不止于此。但从深层次看，我必须与这类人共事，真是麻烦不小。我们也不能动辄吵架，你知道。

我的意思是，我不能朝罗杰斯发脾气——对莱尔德（Laird）也不行。并且，一旦康纳利参与进来，亨利就会对这位新来者大发脾气。我不知道。也许问题只是——当然，目前我们在想有无可能给柯西金①（Kosygin）写一封信。

霍尔德曼：噢，我们回到被动局面了，在飞往佛罗里达的飞机上，罗杰斯说他想跟您谈谈这事。

尼克松：关于首脑会晤？

霍尔德曼：他说，"您知道"——您看，他并没有——

尼克松：他认为会晤应该明年进行。

霍尔德曼：他昨天提到了这事——他说，"我们不会达成限制战略武器协定"。当然，亨利的意思是我们已经有了一份协定。

---

① 阿列克谢·尼古拉耶维奇·柯西金，苏联政治人物，1964 年 10 月 15 日至 1980 年 10 月 23 日任苏联部长会议主席（苏联总理）。——译者注

尼克松：是。

霍尔德曼：所以我们——我们也可能会忘记这一点，我们应该为明年的会晤做准备工作，他是这么提的。我昨天过去吃了个午饭，和他谈了些私人的事。他又把整件事提了出来，说穆勒这么说的。所以，他认为俄罗斯人会继续运作，因为他们和我们一样需要这场会晤。他们有自己的——

尼克松：理由？

霍尔德曼：嗯。而且我——呃，我不能——您知道，我什么也没有和他说——

尼克松：（此处不清）

霍尔德曼：——无论他说什么，无论他——

尼克松：鲍勃，亨利是唯一的原因——

霍尔德曼：这就——我不知道。问题是——

尼克松：问题很棘手，因为我不能进行这些谈判，你知道，进行独立会谈而没有——亨利是——……鲍勃，他想要骗罗杰斯，真是脑子进水了。这就是问题所在。他想达成限制战略武器协定，也想达成柏林协定。而我——不让他参与中东的事情，确实是费了不少劲。但他就想那么做，所以——我不认为我夸大了问题。我认为问题很严重。

霍尔德曼：噢，是这样。

尼克松：他就是……难对付。我的意思是，我不能——你不同意吗？

霍尔德曼：而且我们，您知道，不停地在修补问题、解决困难，但——不论我们做什么，也许现在我们还要继续这样做。但我不确定。问题总是去了又来——而真正的问题在于，至少我认为，就像我发现的——如果您承认这两人之间的问题无法解决，至少在我看来，亨利明显比罗杰斯更为重要。

尼克松：这倒是真的。

霍尔德曼：也比罗杰斯更加不可替代。

尼克松：对。对。因为我也不信任国务院。

霍尔德曼：但如果亨利赢了罗杰斯——

尼克松：是这样。

霍尔德曼：——如果罗杰斯因此离开，我又不确定亨利以后会不会相处，会不会容易相处。

尼克松：他会一人说了算的。

霍尔德曼：并且——

尼克松：你也需要记住，时间越往后，需要亨利的地方就越少。你有没有真正意识到这一点？他会分化我们。而且你知道——

霍尔德曼：但这要等上——您看，他在很多事情上都是对的——

尼克松：我知道。

霍尔德曼：——比如程序上，那些您不关心的地方，还有——

尼克松：是这样。

霍尔德曼：——那些我们不想操心也不应该操心的地方。

尼克松：是这样。

******

尼克松：你知道，就我们，仅就我们的整体氛围而言，你必须记住，亨利实在太难相处了。鲍勃，我的意思是，他的确是这样。这……太棘手了。但他就是那么做的，我觉得是因为他对比尔的那种荒唐的敌意。他……是怎么了？……是怎么回事？我的意思是，他——几乎没人会相信——是罗杰斯要对付他？是这样吗？他不停地说，"我不想——我不能卷入其中"。那他也不应该跟我说。他说"我现在不能卷进去，但是——"呃，……他不应该告诉我。我不应该为他现在不想卷入的那些事情担心。他只是说——

霍尔德曼：他跟您提了吗？

尼克松：每天都提。总会提点什么。你都知道，国务院怎么排挤他、抨击我们，他们做的那些事，那些不齿的事。

霍尔德曼：是。

尼克松：后来我又在乔·克拉夫特（Joe Kraft）的专栏[1]里读到了。现在，……这又有多大影响呢？

---

[1] 此处指克拉夫特的一篇专栏文章，内称基辛格"正处于有关美国限武会谈下一步行动的激烈内斗中"。克拉夫特说在限制武器谈判一事上，国家安全委员会和国务院就总统的年度外交政策报告的冲突已经"达到白热化程度"。对话录音删除了其中一些粗话。——作者注

霍尔德曼：呃，他们泄露了重磅消息，今天便想要对您不利。

尼克松：当然。

霍尔德曼：我不知道如果今天读了那个报道，发消息称国务院已经摆平国家安全委员会，并且从世界局势信息中删去限制战略武器会谈的内容，限武会谈的基础（此处不清）。那个报道的内容并不太多。

尼克松：克拉夫特写的报道？

霍尔德曼：不是，他没有写这个。

尼克松：只是说——我想让你给罗杰斯发一份便函，就说，"总统知道了，他觉得这无济于事。他说这使得事情难上加难。确实认为你——"呃，干吗不直接给他打电话？说，"看，事情就是这样。这确实很棘手"。你知道，"对于是否有人会做这样的事情，我们有足够的例行程序进行处理"。你看，罗杰斯也不理会许多……他的人，他不会管束他们。世界局势信息是否提到限武会谈……不会有多么重要。

霍尔德曼：是这样。

尼克松：这才是重点。

霍尔德曼：那他从哪——？

尼克松：但是关于这一点——他们属于——

霍尔德曼：除非——除非限武会谈这事——限武会谈是整个事件中唯一被提到的事。

******

1972年2月，尼克松按计划访问中国，这是美国在任总统有史以来首次访华。在辗转飞抵北京的途中，尼克松听取了基辛格对相关情况的介绍，报告时间前后长达40小时。电视直播记录了尼克松抵达北京的情景。尼克松一走下飞机，便对周恩来致以热情问候。虽然行程没有最终确定是否与毛泽东会面，但尼克松与基辛格最终还是见到了这位当时身体抱恙的中国领导人。这次访华也使尼克松在台湾问题上声明美国的立场。尼克松阐述了他关于"一个中国"的态度，承认台湾是中国的一部分。美国这一政策转型让其在台湾和日本的盟友感到震惊。尼克松还充分利用摄像机记录下他在华期间的几乎每一个时刻，他在长城和故宫等别具特色之处留下的画面让美国人民注目。在尼克松会谈期间，第一夫人帕特成了媒体镜头的焦点，她参观学校、社区和工厂的画面无数次地被定格下来。

与此同时，尼克松尝试与中国改善关系的努力也带来了一些令人意想不到的结果。1971年秋，印度和巴基斯坦开战，尼克松选择背离美国传统的外交政策——支持巴基斯坦，表面上看他的政策转向正是由于巴基斯坦和中国关系不错。美国这一举动日后被称为向巴基斯坦"倾斜"，美国甚至在联合国与中国站在了一起，共同谴责印度的所作所为。同年12月16日，印巴停火和解，随后孟加拉国宣告独立。由于尼克松和基辛格选择支持巴方，再加上印巴战争已经造成了人道主义危机，两人遭到了一些国内人士的严厉批评。这些事件是在美国政府计划与中国和苏联改善关系的大背景下发生的，因此本章只做略述。有关印度次大陆危机以及尼克松和基辛格如何应对这场危机的问题，将在下一章进行更详细的论述。

中美关系改善的另一个结果是，尼克松认为苏联会调整政策，寻求与美国缓和关系。尼克松访华就像一道冲击波，克里姆林宫面对西部边界之外的敌国以及东部新的问题，开始惧怕苏联有朝一日地位不保。因此，苏联急切想和美国进行一场高层对话。1972年5月，尼克松飞抵莫斯科，成为访问苏联的首位美国总统。尼克松与苏联领导人列昂尼德·勃列日涅夫签署了首个限制武器协定，即《第一阶段限制战略武器条约》，同时还签署了《反弹道导弹条约》，由此，美苏关系迎来了缓和的新时期。通过在短短3个月的时间里收获两项极为出色的外交成果，尼克松也再次树立了自己全球头号政治家的形象。

1971年7月，尼克松宣布自己将成为首位访华的美国总统，他由此对美中政治领域产生了深远影响，而另一场令人意想不到的危机让尼克松在经济政策领域发挥了同样的影响力。同年，尼克松被迫做出放弃美元"金本位制"的决定，这个问题从1958年起就开始显露且悬而未决。当时，流通的美元总额超过了美联储所持的黄金储备，这打破了布雷顿森林体系的一项关键前提。1971年6月，时任美国财政部部长的约翰·B. 康纳利告知尼克松美国黄金储备已经首次跌至100亿美元以下，原本希望推迟做出决定的尼克松别无选择了，而尼克松一旦做出决定，又喜欢大胆为之，这次的情况也不例外。尼克松没有意识到的是，从1971年开始，美国将在未来的 15 年内持续面临通货膨胀以及实现稳定增长率的难题。

总的来说，外交政策——尤其是对中国和苏联的政策——仍然是研究尼克松时代最为常见的主题。但是，这个主题的内容又是如此丰富和详尽以至于新的解读仍然不断产生。截至 2013 年 8 月，尼克松政府秘密录音的大部分内容已经公布，即使美国国家档案馆仍有待公布另外数百小时的录音内容，摆在我们面前的新工作也已经很多了。

第 14 章

次大陆的困境[①]

"通过使用外交信号和施加幕后压力,我们得以使西巴基斯坦免受印度侵略和统治的直接威胁。我们也再次避免了与苏联产生重大冲突。"

——尼克松

[①] 本篇的部分内容见《巴基斯坦研究》杂志(Pakistaniaat: A Journal of Pakistan Studies)第二卷第三期(2010年)本人与莫斯共同发表的文章。——作者注

尼克松与基辛格

第 14 章 次大陆的困境

埃利希曼：普通人确实不了解，印巴的事情在这个更大的背景下有多么重要。就是一群——

尼克松：未开化的粗人。互相数落对方。

埃利希曼：哪一方都可能错了。

——1971 年 12 月 24 日

基辛格：总统先生，到了 10 月人们就会说："什么印巴危机？"……当历史被记录的时候，看上去就像是我们使了一个高招。

——1972 年 3 月 31 日

尼克松总统在 1978 年写的回忆录中称："通过使用外交信号和施加幕后压力，我们得以使西巴基斯坦免受印度侵略和统治的直接威胁。我们也再次避免了与苏联产生重大冲突。"基辛格在其回忆录《白宫岁月》的第一册中更加详细地描述了这种"倾斜"策略，同时大体上证实并补充了尼克松的上述观点。基辛格认为，尼克松并不想"给叶海亚①施压"，而是试图对东巴基斯坦的流血冲突持中立态度，不鼓励同盟国巴基斯坦内部的分离活动。当时，巴基斯坦所辖的西巴基斯坦和东巴基斯坦被印度隔开，两地相距一千多英里②。最重要的是，基辛格在1971年7月秘密访华之前希望维持与中华人民共和国进行联络的特殊渠道，同时，他认为解决南亚局势面临三个障碍：美国对印度的政策、美国国内的公开辩论以及政府官员的无纪律行为。基辛格强调，美国通过表明不赞成印巴冲突以及迫使苏联控制其同盟国印度，对印度进行遏制。但是，由于东巴基斯坦——后成为独立的孟加拉国——遭遇一连串自然灾害，加上巴基斯坦总统叶海亚·汗在总统大选中不敌穆吉布·拉赫曼③而随之对东巴基斯坦的孟加拉国独立运动展开镇压，印巴这两个南亚国家的矛盾日渐加深。

1971年7月初，基辛格离开美国，在印度短暂停留之后到达

---

① 叶海亚·汗（Yahya Khan），1969年至1971年任巴基斯坦总统。——译者注

② 众所周知，1971年4月28日尼克松手写了一份关于"对巴基斯坦的政策选择"的便函，称"致所有人，此时不要给叶海亚施压"。艾贾祖丁（Aijazuddin）提出该说法最初不是出自总统，而是出自亚历山大·黑格之口，艾贾祖丁的看法并无差错。黑格曾在一份附函中写道："亨利建议……您可以大致提一下，您不希望在此时采取给西巴基斯坦施压的任何行动。"这份附函见艾贾祖丁所著《白宫和巴基斯坦》(The White House and Pakistan)一书第241页，基辛格写给尼克松的篇幅较长的便函见该书第242—247页以及《美国对外关系文件集》(FRUS)第9卷第94—98页。——作者注

③ 穆吉布·拉赫曼（Mujib Rahman），东巴基斯坦人民联盟领袖，后任孟加拉国首任总统。——译者注

巴基斯坦，再借着"腹痛"的理由踏上了秘密访华之路。在印度期间，基辛格"确认印度决意和巴基斯坦摊牌"。1971 年 8 月，印度和苏联签署和平友好合作条约，基辛格认为此条约格外令人担忧，因为它"刻意让不结盟的印度走向了与苏联的事实上的同盟关系"。基辛格指责印度方面拒不让步且不愿就实质性事务展开谈判，同时，他也认为苏联助长了印度的侵略行为。在他看来，危机得以解决，是由于苏联通过公开渠道以及其他途径（包括华盛顿和莫斯科之间的热线电话）接收了各种信息，最终促使印度接受停火并应苏联要求不进犯西巴基斯坦地区。基辛格表示，印度此举无疑是由于"苏联方面施压而勉强做出的决定，苏联因为美国一再坚持出动舰队以及不惜取消（于 1972 年 5 月在莫斯科举行的）首脑会晤而感到压力"。

对于尼克松政府如何应对南亚危机，虽然总统本人和国家安全顾问在各自的回忆录中做了上述记录，但除此之外的每一条评述几乎都提出了批评意见，比如，政府处理危机不当、向叶海亚·汗领导的独裁的以及称得上采取了种族屠杀行为的巴基斯坦政权"倾斜"、持有反对印度的偏见、对情报解读有误以及宣称美国通过挑战印度和苏联"拯救了"西巴基斯坦。批评人士进一步指责说，在印巴战争的白热化阶段，尼克松鲁莽地将由"第七舰队"进取号核动力航母领衔的第 74 特遣队派往印度洋，此举加剧了紧张局势，并可能在相互竞争的同盟集团之间引发更大范围的冲突——印度和苏联为一方，美国、中华人民共和国和巴基斯坦为另一方。

批评人士罗列的这些指控，其根源在于专栏作家杰克·安德森（Jack Anderson）于 1971 年 12 月至 1972 年 1 月在多家报纸上同时发表的一系列调查报道，其中介绍了尼克松政府向巴基斯坦的"倾斜"政策。作者本人也因此获得普利策奖。安德森披露的这些内幕，其材料来自他从尼克松政府所获得的一批敏感且高级别的泄密文件。他得到的最确凿证据来自国家安全委员会为解决南亚危机而设立的政策机构——华盛顿特别行动小组。安德森在 1973 年出版的《安德森文集》中进一步批评了尼克松和基辛格的南亚政策，他指责"理查德·尼克松将美国拉到了又一场世界大战的边缘。他蓄意而为、行事隐秘，他在行动上欺骗了美国人民"。

其他记者、政策制定者以及学者基本上都沿袭了安德森的开创性工作，并根据最近 30 年内公开的书面证据做出了一些新的解读。这些对尼克松政府政策的批评意见成了记述次大陆历史的主导言论，其发起人包括美国前国务院官员克里斯托弗·范·霍伦（Christopher Van Hollen）和威廉·邦迪（William Bundy），以及一些回忆录的作者如苏联驻美大使阿纳托利·多勃雷宁和印度外交部部长 T. N. 考尔（T. N. Kaul）。基辛格的传记作家也在这些批评人士之列，如调查新闻记者西摩·赫什（Seymour Hersh）、《时代》杂志编辑沃尔特·艾萨克森（Walter Isaacson）和芬兰学者朱西·汉西马基（Jussi Hanhimaki）。也许针对南亚问题最强有力的调查来自历史学家罗伯特·麦克马洪（Robert McMahon），他的研究基于 F. S. 艾贾祖丁和罗德达·汗（Roedad Khan）编写的高质量文集以及美国国务院《美国对外关系文件集》的电子版和纸质版的官方资料。

尽管相关的文件资料十分丰富，但仍有一些至今未付诸使用。为了更好地解读尼克松政府对南亚次大陆危机和1971年印巴战争的认识和政策取向，本书使用了未公开发布的尼克松的录音资料以及最近才得以解密的美苏"秘密渠道"高级别对话资料。从这些录音带中可以听到，当上述事件在美国总统办事机构之间被往来报告时，尼克松、基辛格和其他政策制定者所做出的直言不讳的判断。这些语言未经删改，还含有一些粗话，夹杂着讲话者的兴奋、失望等各种情绪。相比之下，已经公布的美苏秘密对话呈现了在1971年那场为时甚短的印巴战争发生之前和战争过程中白宫和克里姆林宫之间的直接沟通。美苏秘密渠道在尼克松1969年上台不久后搭建，基辛格代表尼克松与苏联驻美大使阿纳托利·多勃雷宁秘密会面，并就超级大国关系的所有重要议题开诚布公地交换意见。基辛格和多勃雷宁各自的会谈记录长期对外保密，后来得以公开出版并附加了评注和翻译，成为了解美苏之间重要会议的弥足珍贵的资料。由于多勃雷宁在印巴战争期间身处苏联，因此由代办朱利·沃龙佐夫（Yuly Vorontsov）临时负责秘密渠道的通信往来。

基于这些新的材料，我们可以说尼克松政府处理南亚次大陆危机既不像批评人士所描绘的是一次败笔，也不似尼克松和基辛格在回忆录中所呈现的成功图景。实际上，本书得出的结论介于这两派论点之间。虽然尼克松和基辛格使地区局势发展成为另一种形式的冷战较量，但他们的决策不无道理。尼克松政府传递的外交信号越来越强烈，并确信印度——而非巴基斯坦——已经发动对外侵略并支持穆克蒂·巴哈尼（Mukthi Bahini）（解放军）袭击当时的东巴基斯坦地区。

记述这场次大陆危机还有另外几个主题，其中很多内容在美苏秘密对话和尼克松的对话录音中也有体现。尼克松和基辛格的政策理念很明显受到了他们与英迪拉·甘地（Indira Gandhi）① 和叶海亚·汗的个人交往的影响。白宫方面不愿意放弃叶海亚在中美关系缓和方面所发挥的诚实的中间人作用，同时又觉得英迪拉·甘地难以让人信任。另外，总统与其幕僚的秘密对话录音——3 700 小时的尼克松白宫录音的一部分——充满了性别化的语言以及呼吁展现男性"坚韧"的话语，尼克松采取的行动也正是带着这样的印记。在一定程度上，尼克松政府与苏联的频繁接触消减了对于他鲁莽行事的一些批评意见（说句公道话，之前大多数对次大陆危机的记录并未考虑到秘密渠道的存在及其所涉范围）。

美苏之间的联络信息还表明，尼克松和基辛格确信印巴战争始于 1971 年 11 月 21 日，而不是通常所说的 1971 年 12 月 3 日，后者是巴基斯坦先发制人对印度空军基地实施空袭的日子。录音带和秘密对话资料也表明，不论尼克松和基辛格是否对情报存在

---

① 印度独立后第一任总理尼赫鲁之女，曾担任两届印度总理（1966—1977；1980—1984）。——译者注

误读，在 1971 年 11 月至 12 月他们确信印度发起袭击将导致西巴基斯坦"肢解"并产生地方分割政权。尼克松政府试图编造战事，而且，由于依赖秘密外交，当时外界对于该政府采取公私两个联络渠道的批评是可以理解的。尼克松政府处理南亚次大陆危机的经验进一步证实了 1970 年约旦危机和古巴西恩富戈斯港核潜艇基地事件的早期"教训"的重要性，促使美国对苏联采取强硬立场。

讽刺的是，虽然美苏方面的材料提供了诸多信息，但是人们依然无法纵览当时的南亚局势。战事瞬息万变，令华盛顿和莫斯科也有些穷于应对。除非印度方面的高级别资料、印苏对话内容、苏联政治局会议的相关记录和其他资料能够公之于众，否则巴基斯坦、苏联和印度在这场地区较量中的真实情形永远不可能完整呈现。

******

印巴战争是地区冲突投射到所谓超级大国冲突的背景下的典型例子。尼克松和基辛格坐镇白宫、运筹帷幄，却选择由国务院通过官方渠道传递消息并在联合国设立公关行动专案。尽管尼克松和基辛格并不信任国务院的"官僚做派"，但仍然依赖一些高级别官员，如国务卿威廉·P. 罗杰斯以及负责近东和南亚事务的助理国务卿约瑟夫·西斯科（Joseph Sisco）。虽然白宫在这场危机中的应对方式比支持者或诋毁者所宣称的都要复杂，但很清楚的是，尼克松政府使用秘密渠道进行联络，一方面传递出他们希望利用苏联的影响制约印度，另一方面控制了由错综复杂的盟国关系和义务而导致地区冲突演变成超级大国对抗的可能风险。

白宫最初认为印度想要避免冲突，便接连几个月宣称美苏在试图防止印巴战争一事上拥有"平行利益"。同时，美方政策制定者实际上又认识到难民危机是两国爆发冲突的第一步。基辛格和多勃雷宁在秘密对话中也谈到了"平行利益"的主题。应尼克松的要求，基辛格邀请多勃雷宁于 1971 年 6 月 10 日前往戴维营就美苏关系展开全面会谈。多勃雷宁向莫斯科报告说，对于正在发酵的印巴危机，基辛格宣称华盛顿掌握了"确切消息"，即印度"仍然没有拒绝向东巴基斯坦提供武器援助"。

在基辛格秘密前往中国之前，他告知多勃雷宁，称尼克松指示自己"访问新德里，并在私下里以最强烈的措辞呼吁英迪拉·甘地注意，美国对于印度的危险行动及所产生的严重后果持十分严肃的立场"。如果印巴交火，基辛格表示美国将"切断未来对印度的一切经济援助"。多勃雷宁向克里姆林宫报告："简而言之，基辛格总结说，美国政府坚持维护印巴的领土现状，同时对于已经发生的问题寻求政治解决方案。"基辛格再一次强调了美苏之间的平行利益，他"表明总统（认为）在他与苏联领导层之间就此事秘密交换意见是有助益的"，而且在基辛格从亚洲返回之后"还会考虑此事"。

1971 年 7 月 15 日，尼克松发表全国电视讲话，宣布中美关系解冻。随后，印度向苏联靠拢，希望成为对方的保护国。1971 年 7 月底，英迪拉·甘地的密友——印度驻苏联大使 D. P. 德哈（D. P. Dhar）抵达莫斯科，两国重新采用了一项之前已经谈妥但从未正式缔结的条约。8 月 9 日，两国签署《印苏和平友好合作条约》①，此举标志着苏联在南亚危机中的立场首次偏离美苏"平行利益"。印苏串通一气，很可能是美国地缘政治范式向中国转移所产生的非预期后果，同时，对于为中美关系破冰而发挥作用的巴基斯坦来说，这不啻是印度现实政治做出的一次响亮回击。

1971 年 8 月 9 日上午，基辛格将印苏签署条约一事告知了尼克松总统。尼克松漫不经心地说起自己在早间新闻摘要中读到了"葛罗米柯正与……印度外长斯瓦兰·辛格会谈"。基辛格回答说两国已经签订了一项为期 25 年的和平友好合作条约。基辛格解释了此条约的重要性，即印度和苏联将"在别国侵犯条约任意一方的情况下进行相互磋商"。接着，基辛格提高了气势，承诺"要好好教训那位印度驻美大使 L. K. 贾（L. K. Jha）"。尼克松对印苏的举动感到恼火，说道："但问题是，他们（印度人）应该十分了解如果他们选择与苏联站边，就是和我们势不两立。"尼克松还说："现在……他们需要知道……是谁每年给他们 10 亿美元？……亨利，苏联人不会每年给他们 10 亿美元的。"基辛格建议通过国家安全委员会的官方渠道以及私人渠道来应对印苏联盟。

******

> 基辛格：在程序上我会——我们必须把这事放到国家安全委员会内部因为——

---

① 8月9日，苏联外长葛罗米柯和印度外长斯瓦兰·辛格（Swaran Singh）在新德里正式签署该条约。此条约的英文版见 R. K. Jain（编者）《苏联与南亚关系，1947—1978》(*Soviet—South Asian Relations*, 1947—1978) 第 1 辑第113—116 页（Atlantic Heights, NJ: Humanities Press, 1979）。——作者注

尼克松：……是的。

基辛格：——如果交给比尔（罗杰斯）和乔（西斯科）单独处理，他们肯定不过脑子，并且完全倒向印度一边，您知道，《华盛顿邮报》和《纽约时报》对他们影响很大。

尼克松：（叹息）

基辛格：——我——比尔没什么问题，但现在西斯科回来了——

尼克松：他要去纽约，是吗？

基辛格：是的。呃，我不介意。我觉得由他负责救济挺好——

尼克松：那是对难民——

基辛格：只要是救济，但他拿到的所有的情况介绍书——他每次都听他内部的意见，他也有麻烦，那些人都支持印度，所有人——确实都是肯尼思①式的人物。

******

在接下来的谈话中，基辛格阐释了如何运用三角外交，当谈到通过美苏高峰会晤改善两国关系时，基辛格直接把该政策与中美关系解冻、一触即发的阿拉伯-以色列冲突以及印度次大陆局势联系起来。基辛格认为苏联会因为惧怕中美联手而不敢妄为，峰会如果得以召开并签署协议，将有助于延缓中东战事，并迫使

---

① 基辛格此处可能指肯尼迪执政期间美国驻印度大使约翰·肯尼思·加尔布雷斯（John Kenneth Galbraith）。——作者注

苏联遏制印度以避免次大陆陷入战争。

******

基辛格：但他们的主要原因是，他们害怕如果对您表现出敌意，您在北京就会有所行动。所以他们想利用峰会的事牵制北京。他们希望您一定出访。

尼克松：我明白。

基辛格：这样您就不会——这样您在北京就会受到制约。反过来说，我们也想这样，因为让莫斯科牵制北京对我们有利。可以让北京之行……万无一失。还有，当我把您的信交给多勃雷宁时，我压根没提峰会一事。他说："信中没写峰会一事是否说明总统不感兴趣了?"他还说："因为我可以私下告诉你，莫斯科最高层正在考虑峰会的事，会有结果的。"他说了……他自认为的（原因）："他们不让我休假，是因为想让我来转达最终的结果和建议。"

尼克松：嗯。呃，不管结果如何，我们拭目以待。

基辛格：……对我们而言……那样就太好了。因为，如果说峰会五月中旬在莫斯科举办的话，我们便知道在那之前中东不会交火，因为他们会管住那帮埃及人。

尼克松：是。

基辛格：这个问题和印度问题——是两个大问题。

尼克松：是。

基辛格：这意味着明年大半年里我们就是这样了，而且他们也不能在峰会之后马上挑起什么事。

尼克松：嗯。

基辛格：我们还可以让两者互相牵制。

尼克松：是这样。

******

当苏联外长安德烈·葛罗米柯于 1971 年 9 月初访问华盛顿时，美苏对于南亚局势的讨论扩展到了超级大国关系、中东以及美苏限制战略武器会谈这些更宽泛的主题上。尼克松告诉葛罗米柯，自己担忧次大陆局势会"发展成为地区战争"。葛罗米柯回答说："苏联坚持尽一切可能阻止印巴对抗，苏联政府在与甘地夫人的谈话中也是这样说的。"虽然印度向苏联断言称其想要避免战争，但葛罗米柯表示："苏联对印度领导层的信心不足。"此外，葛罗米柯"愉快地得知美国有意避免印巴交战并力劝双方保持克制"。尼克松告诉这位来访的苏联外长，美苏将"在地区局势上保持联络"。尼克松还提醒对方使用秘密渠道进行沟通的重要性："……对于不重要的事情我不会管。如果事情重要，比如我们两国之间，我就会拿决定……如果没有秘密渠道，我们不会这么顺畅。"

到 1971 年 10 月底，由于条约已经签署，印苏双方外交、政治和军事官员进行了几次高层互访，苏联的态度开始发生转变，偏离了美苏两国关于克制和避免战争的一致立场，转而对巴基斯坦方面提出严厉批评。但是，西森（Sisson）和罗斯（Rose）指出："在 9 月 27 日至 29 日甘地夫人访苏之后，莫斯科才彻底转变对'孟加拉国'的立场。"美方政策制定者注意到了苏联的态度转向，开始通过各种渠道与对方展开讨论，讨论内容还涉及峰会安排、中东局势、贸易往来和美苏关系等其他领域。白宫愈发认为苏联会支持印度发动侵略，一如苏联在越战中助长了越南民主共和国的不妥协立场，为后者提供物资援助以开展军事进攻。随着苏联这一政策模式日渐明朗，尼克松和基辛格感到美国需要搁置与苏联缓和关系的议题，美方抗议随之升级，宣称苏联对美国在印巴战争中所持立场的反应将成为美苏关系的"分水岭"。

1971年11月初，英迪拉·甘地访问华盛顿，指责巴基斯坦并说明了难民危机的严峻现实。研究美国总统的历史学家罗伯特·达莱克（Robert Dallek）称"11月4日和5日的两场对话……是国家元首各说各话的经典案例"。达莱克的说法并没有错。更有可能的是，尼克松和甘地在此次会面很久以前便已经做出了决定。尼克松认为印度想对付巴基斯坦，因此向对方强调了可能的后果——美国会终止对印度的援助并且美国人民也不会理解这场侵略行动；甘地知道尼克松不会支持印度，也已经估量到对方所说的后果并不会持久[①]。在11月4日的会谈中，基辛格做了大部分

[①] 虽然达莱克大体上没有说错，但他显然混淆了他所引用的一些书面资料。达莱克称："甘地表示，在他们（1971年11月5日）的谈话中，（尼克松）让基辛格做了大部分发言。"此外，达莱克反驳了甘地的说法，称"经录音带转写的尼克松国家安全档案的官方文稿可以说明，这次的谈话只是在总统和总理之间进行的"。见罗伯特·达莱克所著《尼克松与基辛格》（*Nixon and Kissinger*）第339页和第340页。备忘录——而不是文稿——显然是由基辛格起草的，绝非转写自录音带，该备忘录中没有任何符号表示此对话被录音。见《美国对外关系文件集》（*FRUS*）南亚E7卷，网址：http://www.state.gov/r/pa/ho/frus/nixon/e7/48 213.htm。这段对话实际上已被录音，但达莱克没有引用。该对话也没有出现在《美国对外关系文件集》南亚卷的文字版和电子版中，至今也未曾被公开过。——作者注

发言，而11月5日的对话主要是尼克松谈及两方妥协的话题，基辛格则从旁加入了有关东南亚问题尤其是对华政策的一些重要细节。

对于印巴冲突的大部分记述，特别是那些剖析了美方应对政策的叙述内容，都忽略或是贬低了在1971年11月底所发生的事件的重要性，并且把1971年印巴战争的起始日期确定为巴基斯坦空袭印度西北部地区空军基地的12月3日[①]。通过巴基斯坦高层，美国政策制定者对战况了然于胸，并获知穆克蒂·巴哈尼侵袭东巴基斯坦得到了印度装甲部队、炮兵和步兵的支持[②]。著有基辛格传记的作家沃尔特·艾萨克森写道："11月22日，印度出兵东巴基斯坦边境，支持孟加拉国独立，而基辛格是（当时或者事后来看）认为全面战争由此拉开序幕的少数几人之一。"艾萨克森接着写道："另一方面，国务院却对这些小规模袭击轻描淡写，甚至巴基斯坦总统叶海亚·汗也于次日发来电报说，他仍希

[①] 比如，雷蒙德·加特霍夫（Raymond Garthoff）写道："12月3日，巴基斯坦空军袭击了西巴基斯坦周边的八处印度飞机场，巴方装甲部队进入印控克什米尔地区。此举拉开了1971年印巴战争的序幕。"见《缓和与对抗》（*Détente and Confrontation*）第298页。罗伯特·达莱克则完全忽视了1971年11月的事件，称"当12月3日全面战争最终爆发时，中情局也无法说明战争是由哪一国挑起的。但是，尼克松和基辛格归咎于新德里"。见《尼克松与基辛格》第341页、艾萨克森所著《基辛格》一书的第374页。——作者注

[②] 比如，在1971年11月12日华盛顿特别行动小组的一次会议上，约瑟夫·西斯科说："印度的策略一直是持续给叶海亚施压，从军事上让巴基斯坦卷入，这样，开战的首要责任方就是巴基斯坦。"见《美国对外关系文件集》第11卷第506页。——作者注

望双方可以避免开战。"①

虽然艾萨克森关于"全面战争"的说法也许准确无误，但他所持的更宽泛的观点却忽略了几个重要因素，比如，国务院从巴基斯坦和印度得到的报告不一致，另外，就像几段秘密对话录音所显示的，尼克松和基辛格确实认为是印度挑起了战争，因为印方将正规军派往巴方境内以支持穆克蒂·巴哈尼的军队，而最为重要的一点是战况本身的简单事实——印度正规军侵犯了巴基斯坦边境，支持由印方训练并输出的叛乱军。就如西森和罗斯所指出的："巴基斯坦发动空袭，因此常常被描述为发起战争的一方。但是，更为实际的情况是，这场战争始于11月21日，当日，印度军队占领了巴基斯坦领土，为下一步攻占达卡②做好了准备。"两位作者的言论出自他们有关南亚冲突的具有里程碑意义的研究著作，这些著作早于艾萨克森所著的基辛格传记。

随着有关边境冲突的次数和严重性的报道增多，基辛格召集了由多部门组成的华盛顿特别行动小组举行会议，制订应对方案。基辛格准备上诉联合国的计划是基于国务院的约瑟夫·西斯科对时局的评判，除此之外，大多数行动小组成员都不知晓的美苏秘密渠道也起了一定作用。西斯科告诉基辛格：

在目前的情况下，虽然还未爆发全面战争，但冲突频增，我

---

① 叶海亚电报内容全文见艾贾祖丁的《白宫和巴基斯坦》一书第364-366页。——作者注
② 达卡为现孟加拉国首都。——译者注

们可以试图从安理会获得某种形式的限制令,以期阻止或者减缓局势进一步恶化……很显然我们需要事实。但我认为我们对这场叛乱了解得足够多,因此在公共领域更多地着力并让联合国承担一些责任,这未必不是一件好事。

1971年11月22日,美国政策制定者确信重大事件业已发生,印度已然袭击巴基斯坦。基辛格在当日12点45分致电尼克松说:"毫无疑问,大规模冲突已经发生,印度是主要推动者。"当天晚些时候,基辛格呈交备忘录称巴基斯坦电台报道了印方入侵一事,并补充说:"我们没有独立的证据,但显而易见大规模冲突已经发生。"前方报道不断通过常规的电报渠道和秘密渠道传来,当天下午,基辛格在椭圆形办公室与尼克松会面,并回答了总统关于次大陆局势的疑问。会议的文字记录之前从未发表过,其内容如下:

尼克松:叶海亚说了这是战争吗?

基辛格:是的,他们说这是战争。

尼克松:而印度人说这不是?

基辛格:对,他们说不是。总统先生,这就是赤裸裸的侵略……

尼克松:……也许我们应该那样说。

虽然"印度已经发动了赤裸裸的侵略",基辛格仍然希望可以避免一场全面战争。作为一项总体战略,基辛格赞同在联合国安理会与中华人民共和国采取协调行动。基辛格建议:"我们需要与中国人谈，我明晚来谈①——看看他们在安理会的打算……我们不必做到中国人那样的程度，但我会倾向于——"尼克松打断说："我希望……接近他们的程度。现在，弄清楚一件事，我不喜欢那些印度人。"基辛格回答："我们应该十分倾向中国人，使之成为国际（行动）。"但尼克松再次打断了，他回到刚才的话题，说："要记住巴基斯坦一直是我们的朋友……而……印度人不是。你知道吗？"基辛格希望与中国和其他强国进行协调，以期在外交上孤立印度以及支持它的苏维埃阵营。

在基辛格的建议和尼克松的批准下，国务院在 11 月 27 日以总统的名义给英迪拉·甘地发送了一份意见。对于印方，意见指出："印度和东巴基斯坦边界地区交火次数增多，火力增强。双方都投入了坦克、飞机和正规军。"白宫给勃列日涅夫的信息也十分类似和明确："东巴基斯坦杰索尔地区……最近的边境冲突让我十分关切，我确定您也是一样……印巴全面对抗似乎一触即发。"虽然尼克松政府尽了最大努力阻止局势进一步恶化，但新德里和伊斯兰堡已经做出了决定，到 11 月末战事已成定局。印度发起挑战，听天由命的巴基斯坦领导人决定应战，在实力不济

---

① 基辛格在其回忆录中记载了 1971 年 11 月 23 日他"在纽约与中国人的第一次秘密会谈"，会谈对象是黄华，见基辛格《白宫岁月》第 889 页。温斯顿·洛德（Winston Lord）做了会谈的文字记录，见"尼克松访华前奏：美中文件和录音"（The Lead-Up to Nixon's Trip to China：U. S. and Chinese Documents and Tapes）一文。

的情况下于12月3日空袭了印度空军基地①。

尼克松和基辛格决定与中国联手，在联合国层面与对手抗争，并利用印巴战争检验美苏关系。基辛格信任巴基斯坦，不愿相信印度的战争说辞，尼克松尤其抱有这种想法。从白宫的角度看，叶海亚是推动中美关系解冻的诚实的中间人，他也接受了美国关于和平解决印巴危机的建议——虽然白宫也看到了有关叶海亚在国内推行暴力统治的各种夸张报道。同时，尼克松和基辛格认为甘地已经背离了过去二十年来印度所奉行的不结盟政策，已经选择与苏联结盟。另外，两人还认为甘地在访问华盛顿时没有说实话。对于尼克松政府来说，悬而未决的问题包括巴基斯坦的地位以及它是否会走向地方割据、克什米尔的归属、东巴基斯坦是否会获得独立还是成为印度的一部分抑或成为这两种政体的结合。在西巴基斯坦问题上，尼克松和基辛格通过美苏秘密渠道继续向苏联施压，而白宫录音带也表明两人确认西巴基斯坦已经岌岌可危。

1971年12月3日上午，基辛格致电尼克松，称"由于东巴局势失控，西巴基斯坦已经发起进攻"。但在尼克松看来，巴基

---

① 1971年12月3日，印度总理甘地发表全国讲话，称巴基斯坦空军已经袭击了印方6处飞机场，且正在对印度和西巴基斯坦边界阵地实施炮击。巴方则回应称，此举是在回应印度对西巴基斯坦发动的"侵略性"侦查。见《美国对外关系文件集》第11卷第592页。中央情报局在9月的一则情报备忘录中准确地预测了巴方的行动。见"印度和巴基斯坦：一场新的军事对抗中的比较力量"（India Pakistan: Comparative capabilities in a New military Confrontation）一文（1971年9月），网址：http://foia.cia.gov。——作者注

斯坦袭击印度就像"苏联声称遭到芬兰袭击"。基辛格立即做出反应,召开华盛顿特别行动小组紧急会议。该小组是基辛格领导的高级别危机管理机构,成员分别来自国家安全委员会、中央情报局、国务院和国防部[①]。中央情报局局长理查德·赫尔姆斯(Richard Helms)证实巴方已经袭击印度,虽然缺乏确切情报,小组成员大体上同意印度前两周的挑衅行为可能是巴方采取行动的原因[②]。

虽然印巴战争的大幕已经开启,但美苏两国关于这场战争的秘密对话直到1971年12月5日才真正开始。由于多勃雷宁被召回莫斯科,秘密通信由苏联代办朱利·沃龙佐夫负责。基辛格告知尼克松,中国支持美方为印巴停火和撤军所做的努力,反对方只有苏联和波兰。基辛格对苏联的行为十分不满,他告诉尼克松:"苏联人今天上午通过塔斯社对巴方发起了强烈指责,实际上他们也在警告中国不要插手。我们现在看到的是苏印两国在施

[①] 该小组第一次会议的会议记录后来被杰克·安德森发表,成为泄密文件的一部分内容。基辛格在会上的一番话广为人知,至今仍经常出现在新闻和史料中,他说:"总统说我们不够强硬,每半小时我就要挨一顿骂。他认为国务院在迫使我们采取强硬立场,而我却与他们对抗……他想向巴基斯坦倾斜。"引自"华盛顿特别行动小组会议记录",1971年12月3日上午11:19—11:55,见《美国对外关系文件集》第11卷第597页。——作者注

[②] 见《美国对外关系文件集》第11卷第596-604页。1971年12月4日,基辛格再次召开了华盛顿特别行动小组会议。中央情报局局长赫尔姆斯强调苏联不再反对印巴交战,而是转变了立场,"结论称莫斯科不会过多地阻止战争"。见《美国对外关系文件集》第11卷第621页、《美国对外关系文件集》第11卷第620-627页。——作者注

行政治高压，并羞辱中国的同时，某种程度上也针对我们。"基辛格继而警告美国不予支持巴基斯坦会产生的后果："如果我们现在倒下，苏联不会对我们另眼相看，中国人会看轻我们，而其他国家也会得出自己的结论。"

之后，基辛格让国家安全委员会成员赫尔穆特·索南费尔特（Helmut Sonnenfeldt）起草了一条电报，并要求黑格按照总统的电话指示准备与沃龙佐夫会面的谈话要点。1971年12月5日下午4点，基辛格按计划与沃龙佐夫在白宫地图室举行会面。基辛格告诉这位苏联外交使团副团长："给总书记的信将于明天发出，但鉴于情况紧急，总统希望可以立刻将信息传达给莫斯科方面。"就改善美苏关系的主题，基辛格说道："总统不明白，苏联如何会认为可以一边与美国改善关系，一边鼓励印度对巴基斯坦实施军事侵略。"尼克松认为印度挑起了军事冲突，这种"侵略"行径打破了次大陆的既定秩序，违反了联合国宪章，总统想知道为何"联合国的一个成员国正遭受与苏联关系密切的另一成员国军队的肢解"。

次日，基辛格将尼克松的正式信件送给了苏联大使馆的沃龙佐夫，但不是通过"日常渠道"。总统声明"现在的客观事实是印度已经动用军队，企图强加政治要求并分割主权国家巴基斯坦的领土，同时，你国政府支持印方政策也是事实"。尼克松仍寄希望于美苏两国从对抗走向合作，他在信中告诉苏联总书记，自己在9月份与葛罗米柯会面后，便认为美苏关系"正进入以互相牵制为特点的新阶段，两国都不会在危机中为寻求单边利益而采取行动"。尼克松还警告说,苏联支持"印度政府公开使用武力侵犯巴基斯坦的独立和统一,这只会让次大陆的严峻局势雪上加霜"。尼克松坚称,解决问题的唯一办法,是"采取紧急行动,我认为苏联对新德里的强大影响力会有助于目标实现"。

几个小时之后苏联给出了回复,但立场同样坚定。当天晚上 11 点沃龙佐夫与基辛格私下会面,转达了勃列日涅夫的意见。沃龙佐夫说,勃列日涅夫认为印巴冲突是"巴基斯坦政府对东巴基斯坦人民采取的一系列行动的结果",而且苏联"本着尊重东巴基斯坦人民在 1970 年 12 月大选中的明确意愿",期待"以政治途径解决东巴基斯坦问题"。在苏联领导人看来,美国的行动"对于消除印巴紧张关系的主要根源……不够积极,也不够准确"。对于尼克松提出的印巴危机会成为美苏关系的分水岭,勃列日涅夫表示强烈反对:

> 对于全球特定事件的看法……也许会产生分歧,这是十分正常的事。但如果在这样的情况下,开始谈论美苏关系的'关键阶段'或'分水岭',而不是尽快地寻求实际解决办法,将无助于真正解决问题,对于促进美苏关系的改善和稳定,也就更加困难了。

面对苏联的回应,尼克松采取了更加强硬的立场,并在公共和私人场合发出信号,重申维持西巴基斯坦现状的重要性。为了给印度增加压力并向苏联表明美国对于西巴基斯坦的严肃立场,尼克松授权美国"进取号"开赴孟加拉湾,并通过黑格向沃龙佐夫再次声明,白宫盼望莫斯科对 12 月 6 日的那封信件做出书面回复。此外,尼克松和基辛格将当时正在美国出访的苏联农业部部长弗拉基米尔·马茨凯维奇（Vladimir Matskevich）召到椭圆形办公室，让他向苏联领导人转达美国政策制定者对印巴战争持有的严肃立场。对尼克松和基辛格而言，1970年的约旦危机历历在目，在印巴问题上两人都不愿向苏联服软，力争帮助西巴基斯坦逃离被肢解的厄运①。他们还决定，只要能迫使苏联改变行动，那么取消美苏首脑会议，甚至是取消秘密渠道本身——如同之前有关5月20日临时限武协定的讨论一样——就是值得冒险的尝试。

1971年12月6日下午，尼克松和基辛格就终止援助印度一事进行了简短讨论。基辛格在谈话中提到了头一天深夜与沃龙佐夫的见面以及苏联方面的口头意见。基辛格解释说："我确实给他读了动乱的情况……有关苏联的参与。我们也将您今天口述的信件发送给了……勃列日涅夫。"尼克松脱口而出："我也不知道写信是否有好处。……他们还什么都没有做！……"基辛格继而提到约旦危机和西恩富戈斯港事件，他感叹道："总统先生，我担心如果不跟他们强硬一点，我们可能会陷入1970年夏天的境地。每次我们强硬一些，他们都会有所收敛。"尼克松对基辛格的看法显然很认可，他还建议后者要在联合国坚持到底并且与中

---

① 尼克松在其回忆录中描写了1970年9月的约旦危机："但有一点是清楚的。我们不能允许侯赛因（Hussein）被苏联煽动的叛乱给推翻了。如果这成为事实，整个中东就可能爆发战争……苏联的声望与叙利亚人和埃及人联系在一起。对于以色列被拖下水，美国无法坐视不管，因此美苏直接对抗的可能性很大，尽管这并不让人心安。这就像一场可怕的多米诺骨牌游戏，在游戏的尽头一场核战争正等待着我们。"见尼克松的《尼克松回忆录》第483页。——作者注

国人合作:"我们不要在联合国与中国脱离关系,我不会那么做。"基辛格表示同意。尼克松还说:"这样苏联人也会老实些。"基辛格再次表示附和,说道:"这是一场勇敢的游戏,但每每这种时候我们都做得不错。"尼克松认为中国采取佯攻策略较为有利,并且认为有了美国的支持,苏联不敢对中国动武:"这是一场勇敢的游戏,所以,(美国支持)中国人——苏联人还会攻击中国吗?你在开玩笑吗?"

1971年12月8日下午3点50分,基辛格让黑格给沃龙佐夫去电,向苏联方面传达尼克松希望收到对12月6日所写信件的正式回复。黑格按照要求,在电话中对沃龙佐夫称基辛格"希望你尽快传达这个信息"。黑格直接驳斥了口头回复一事,说道:"总统认为,除非收到对于他书面信件的回复,否则此前的都不算数。他希望你们理解他使用的'分水岭'一词切合实情,是他经过仔细考虑所做出的正确判断。"在黑格与沃龙佐夫通话时,尼克松在行政大楼的总统私人办公室会见了基辛格。基辛格坦率地评论了事件进展,并确定战争爆发的原因是没有早些对甘地夫人和苏联人采取强硬立场。他说:"问题在于我们应该认识到他(总理甘地)并不是在寻找借口,而是已经决定要采取行动。此外,我们应该对苏联人更强硬一些。"尼克松问道:"我们本可以做什么呢?怎么去做?"基辛格解释说:

我们应该告诉他们上周日(12月5日)我们最终和他们说的话,说这会成为两国关系的分水岭,如果事态持续发酵,则取消中东的谈判。我们原本就必须强硬一点。另外,麻烦一旦造成,也就是他们在 11 月 22 日采取行动时，我们就应该切断（援助），像您希望的那样，但行政程序上我们没做到。我们本可以当天或第二天就切断经济援助，以及一切武器方面的援助，而不是等待了十天却什么也没有做。

1971 年 12 月 9 日上午，沃龙佐夫来到白宫，将苏联总书记勃列日涅夫所写的信件交给尼克松。勃列日涅夫把责任归咎于巴基斯坦，"巴基斯坦政府对在 1970 年 12 月大选中获得民众充分信任的东巴基斯坦政治势力实施报复"，才导致当地难民大量逃往印度，点燃了印巴冲突的导火线。勃列日涅夫附和了美国提出的停火要求以及随后的政治和解，强调停火是走向谈判的切实可行的第一步，但他并未附和印度从东巴基斯坦撤军的要求。勃列日涅夫以尊敬的口吻要求美国"对叶海亚·汗总统及其政府施加一定影响"以期推动上述目标的实现，并要求尼克松采取"冷静公平的做法"。如果勃列日涅夫期望一种"冷静公平的做法"，那他也许要失望了，因为沃龙佐夫十万火急地给苏联外交部发了一封电报，报告自己给基辛格递交总书记回信的情况：

基辛格说话时就像代表他自己一样，他说，如果印度"在东巴基斯坦事件后"将所有军队对准西巴基斯坦，试图"夺取全部胜利"，那么美国（"将有别于处理形势十分复杂且政治上牵扯过多的东巴基斯坦事件"）不会让巴基斯坦遭遇惨败，甚至会为此采取军事手段："印度不应该忘记，抵御巴基斯坦遭受入侵，是美巴同盟之间的承诺。"

1971 年 12 月 9 日下午 4 点，尼克松会见苏联农业部部长弗拉基米尔·马茨凯维奇，表现出强硬立场。他首先友好地谈起1959年两人在莫斯科见面时的情景，之后，他请求对方说："我相信，你与主席关系十分密切，当然，你也是最高级别代表……我希望你知道我对此事的强烈看法，也许在这次会谈之后，你可以向勃列日涅夫主席转达事情的紧迫性，从而找到可能的解决办法。"尼克松希望，他对面的这位客人可以作为一种单向渠道，直接向勃列日涅夫转达印度袭击西巴基斯坦的危险后果。尼克松提出这样的警告：

第一个要求是停火。第二个要求是印度停止袭击西巴基斯坦。如果印军进犯西巴基斯坦，美国不会坐视不管。解决问题的关键在于苏联。如果苏联不遏制印度，美国就无法对付叶海亚。如果印度继续军事行动，我们将不可避免地看到美苏对峙。

次日，基辛格回顾了这次会面，他向尼克松断定美国保护西巴基斯坦的信息会到达苏联领导层。下面的对话尤其揭示了尼克松对印度人的看法，他认为苏联人如操作提线木偶一般操控印度。

******

尼克松：这些印度人是懦夫，对吗？

基辛格：对，但他们有苏联撑腰。您看，苏联人给伊朗、土耳其以及许多对他们有威胁的国家发了照会①。苏联

---

① 苏联很可能是在抗议美国默许并支持巴基斯坦从伊朗和约旦等第三方接受军事援助。——作者注

人玩儿了一场拙劣的游戏。

尼克松：所以我们也一样做，对吗？

基辛格：正是这样。

尼克松：用什么威胁他们？如果他们插手进来如何做？

基辛格：他们会有动作的。他们还没说会如何做。但他们现在会做出决定了。在昨天你和马茨凯维奇谈话之后，他们就要做出决定了。

******

1971年12月10日上午，基辛格同沃龙佐夫会面，交给他一封尼克松写给勃列日涅夫的短信。尼克松在信中坚称，勃列日涅夫"有关东巴基斯坦政治进程的提议似乎可以实现"，但接下来应该"在西巴基斯坦立即停火"。基辛格同意沃龙佐夫逐字抄录1962年11月5日巴基斯坦领导人阿尤布·汗（Ayub khan）和美国驻巴基斯坦大使麦康瑙希（McConaughy）之间的外交备忘录，其中肯尼迪政府重申了先前的承诺："如果印度入侵巴基斯坦，美国将帮助后者。"就像尼克松在短信中警告的一样，如果印度不立即对西巴基斯坦停火，美国"就会断定印度正在企图颠覆巴基斯坦，美国对这个友邦负有责任"。尼克松继续敦促苏联人"以最强硬的态度遏制印度"，阻止其西进步伐。

1971年12月11日晚，基辛格在纽约秘密会见中国常驻联合国代表兼中国驻加拿大大使黄华，协调中美两国在印巴战争中的行动。基辛格告诉黄华："顺便说一句，只是让所有人明确知道我们的行动，我们把和苏联人的谈话告诉你，但不会和他们说我们的谈话内容。"接着基辛格提出了一个"有一定敏感性"的问题。美国会与中国分享"苏联对于你方边境的意向",而且初步来说,"如果中华人民共和国认为印度次大陆局势对其安全造成了威胁并采取措施保护自身安全,美国会反对其他人干涉中华人民共和国的行为"。

基辛格在11日下午致电沃龙佐夫,告知苏联人美国如果没有收到苏联领导人的回应,可能会在联合国采取"单边行动"。沃龙佐夫告诉基辛格,"正是由于我们之间的讨论",莫斯科已经派遣苏联外交部第一副部长瓦西里·V. 库兹涅佐夫(Vasily V. Kuznetsov)前往印度。尼克松和基辛格不免担心,印度袭击西巴基斯坦可能会促使中国采取行动支持巴基斯坦,如果苏联人又为了支持印度而打击中国,局势就会更趋紧张。尼克松认为如果印度在"解决"东巴基斯坦之后继续军事行动,便是"显而易见的""赤裸裸的侵略"。基辛格解释说印度外长斯瓦兰·辛格"拒绝保证"印度没有"任何领土……雄心"。辛格还含糊其词地谈到"小幅调整",在基辛格看来,这指的就是南部克什米尔。

尼克松对局势进行了务实分析,认为当前的局势发展成核战争并不可能。

******

尼克松:我们是不是对热线电话太过忧虑了?不,不是。从根本上说,我们所做的就是要求得到回复。我们不让俄罗斯人拖着我们,这是一点……另外,我们所做的就是重申我对(苏联)农业部部长所说的以及你对沃龙佐夫所说的话，对吗？

基辛格：对。

尼克松：你认为这是一个好方案吗？

基辛格：这是……典型的尼克松方案。我是说这是个大胆的方案。您又下了一次赌注。但我的看法是如果我们什么也不做，结局就会不可收拾。

尼克松：是的。

基辛格：结局仍有可能很糟，但至少我们不失尊严。

* * * * * *

尼克松鼓励中国调兵以对抗印度的威胁，同时，他又把这种行动更多地看成强迫印度保持克制的一种手段。总统估计，由于美国的支持，苏联不可能为了支持印度而攻击中国。

* * * * * *

尼克松：我之所以建议中国采取行动，是因为他们说苏联在他们边境附近布置兵力这类的事。你知道，苏联人清楚自己能从印度这件事上获益，所以这个时候他们不会去搅入那种……混乱局面。

基辛格：呃，中国方面，我们问过了，但那不是他们采取行动的理由。

尼克松：你这样去说，亨利，我觉得你这样说有很大的不同。你说："看，我们做了所有这些事，为什么你们不去威胁他们？"记住我说的："制造威胁，调一些人过去。"……看，我们需要吓吓这些——

> 基辛格：总统先生，我的感觉是，先统统抛开我们说了什么，如果最后的结果是巴基斯坦被印度吞并，中国被苏联攻击、打败和羞辱，那么权力的平衡将发生翻天覆地的变化……以至于美国的安全——在未来几十年，也可能是永远——我们必然将在中东开战，之后——
>
> 尼克松：重点是，事实上我说中国调兵、苏联进行威胁，我们再扔核武器，我只是把战争规模夸大了。那不是实际情况，不是实际情况。实际情况是我们与苏联确实有热线电话，而我们最终只说现在这里发生了什么。
>
> 基辛格：我们不需要投核武器。我们需要保持警戒。
>
> 尼克松：对。

******

但是，尼克松强调发生大规模战争只是一种假设情况："我们说了很多的如果。苏联和中国不会兵戎相见。"基辛格对此并不赞同，但尼克松指出发生世界大战仅仅在时机上就是不对的。总统建议要慎重考虑："呃，我这么说吧，我一直感觉印巴交战不可避免，中东战争也一直存在可能。就苏联和中国而言，此刻有其他太难以控制的因素，因此双方不会交手。"

此番谈话之后不到两小时，沃龙佐夫致电基辛格，转达了对总统信件的"立即回复"：

> 与印度政府和英迪拉·甘地总理的最初联络……证实了印度政府无意对西巴基斯坦采取任何军事行动。苏联领导人认为局势可以由此得到缓解，并希望巴基斯坦政府得出合适结论。关于总

统信件中提及的其他问题,将在最短时间内予以回复。

沃龙佐夫说他没有"得到指示需要这么说",但以其"个人身份"他希望基辛格知道苏联外长葛罗米柯已经结束假期返回,而且,苏联驻联合国大使一直"按照我们与总统的讨论内容与代表团负责人进行协商"并"许下了各种保证"。沃龙佐夫一再向基辛格断言美国和苏联意见一致且存在合作空间。

同日上午11点30分,尼克松通过"热线"给勃列日涅夫发送了另一封信,信的内容很简短:

> 在盼望您做出(正式)回复所耽搁的72小时后……我已经开始在联合国安理会采取一些行动……现在没有回旋余地了。我还必须提出,印度方面的保证仍然缺乏具体性。按照我12月10日信件所说内容、与代办沃龙佐夫的谈话以及与你方农业部部长的谈话,我仍然打算依此行事……

上述信息显示,美国显然对苏联采取了强硬路线,不论印度或苏联如何宣告立场,白宫认定印度会进攻巴基斯坦。12月13日,尼克松发出信件的第二天,苏联通过热线发来简短回复,称他们正在"澄清印度方面的所有情况",且这条回复信息符合"机密交换意见"的原则。

******

尼克松和基辛格在亚速尔群岛结束与法国总统乔治·蓬皮杜为期两天的会谈后,还未等他们返回美国本土,印巴危机已然升级。当空军一号抵达安德鲁斯空军基地时,媒体记者便忙不迭地要报道总统可能会取消莫斯科峰会的潜在的爆炸性新闻。这一消息来源于基辛格在飞机上发表的一些看法，但是按照新闻界的经验法则——"林德利规则"——政府官员的谈话"不得直接援引"。《华盛顿邮报》违反了可追溯至20世纪50年代的这份君子协定，第二天一早在其头版注明这些评论意见来自基辛格本人。由于受这篇报道的干扰，尼克松和基辛格未能注意到与印巴危机密不可分的一个更大的问题：安德森泄密事件。安德森与21世纪的那些揭丑记者如出一辙，善于撰写调查性新闻，后被列为尼克松大肆张扬的"敌对分子名单"之首。安德森于1971年12月14日在多家报纸上发表的专栏文章使得白宫快速介入调查，调查小组由约翰·埃利希曼和白宫"管子工"①领衔，后者是在同年早些时候五角大楼文件遭到泄密后成立的调查机构的工作人员。调查结果呈现了一些惊人事实。在1971年12月15日和16日使用测谎仪进行审问之后，海军文书军士查尔斯·雷德福（Charles Radford）披露，美国军方高层从1970年11月起一直通过参谋长联席会议和国家安全委员会的联络办公室秘密监视白宫，尤其对美苏秘密渠道的关键人物——基辛格展开监视。

到了12月15日，联合国安理会陷入了僵局。佐勒菲卡尔·阿里·布托（Zulfiqar Ali Bhutto）代表巴基斯坦据理力争，称安理会对于印度入侵巴基斯坦没有采取有效行动。布托说完之后怒气冲冲地离开了会场。当日晚些时候，基辛格和沃龙佐夫进行简短会面，对联合国现状发表了不同看法：美国继续支持英国提出的解决办法，

---

① 指防止政府人员泄密的"堵漏人员"。——译者注

苏联则坚持波兰的方案。会谈的重点是阻止西巴基斯坦爆发战事，但两人同时认为，美苏在联合国内部的分歧将严重损害两国关系。

美苏无法就共同推动印巴停火和撤军达成一致，这让尼克松政府大为不快。两个超级大国都在孟加拉湾派驻了海军，增加了竞赛筹码，同时，随着秘密渠道的交往日趋紧张，两国敌对状态进一步升级。1971年12月16日上午，尼克松致电基辛格，就事件的进展情况发泄了对苏联的不满。美国已经私下给苏联施加了压力，如果印度拒不接受停火，尼克松表示："那样的话我们就和苏联人摊牌，'你们如此不值得信任，我们无法在任何事情上和你们打交道了'。"基辛格则认为苏联仍有望迫使印度接受停火，这位国家安全顾问发表意见说："也许他们还是能够促成停火。"

尽管美苏之间展开了一系列周密和象征性的行动，诸如基辛格和沃龙佐夫的谈话、会见马茨凯维奇、热线联络以及白宫和苏联大使馆的频繁通话，南亚次大陆的这场战争却以更快的速度宣告结束。1971年12月16日下午，印度接受东巴基斯坦无条件投降，次日，印度宣布在西巴基斯坦停火，印巴对抗迅速进入尾声。之后，围绕战争赔偿、战俘问题和东巴基斯坦的政治出路的谈判持续了数月。尼克松和基辛格从印巴冲突中获得的教训是美国需要对苏联表现强硬，这也进一步加强了之前在约旦危机中两人与苏联打交道所形成的初步印象。

******

美苏秘密渠道的对话录音与基辛格和多勃雷宁之间、基辛格和沃龙佐夫之间以及尼克松和勃列日涅夫之间近乎完整的谈话记录，再加上现有的文件档案，这些材料都显示了尼克松政府希望对苏联采取强硬路线，并迫使苏联遏制印度。虽然尼克松和基辛格声称他们的行动牵制了苏联并消除了印度肢解西巴基斯坦的威胁，但由于缺乏印度内阁会议、苏联政治局和印苏交流的相关材料，要得出完整的结论仍需时日。

根据确凿证据，批评人士认为尼克松和基辛格的南亚政策掺杂了他们个人的反印情绪和对叶海亚的同情。但是，有关个人偏见左右了美国政策的主张并不完全正确。就人们所理解的国家利益而言，尼克松和基辛格的行为显然属于理性行为者模式。最初，巴基斯坦是中美缓和关系的突破口，之后，美国支持与中国同为盟友的巴基斯坦便是为了打动中国。而印度明目张胆支持穆克蒂·巴哈尼入侵巴基斯坦，使白宫开始疏远印度。甚至可以说，尼克松和基辛格的这种先入为主进一步强化了他们的政策理念，尼克松的录音系统也不止一次地记录了他们情绪冲动的时刻。尼克松与印度人和巴基斯坦人打交道的亲身经历，尤其是和甘地、叶海亚两人的交往，证实了他的观点，即印度"好斗性强"，而巴基斯坦却真诚地推动中美关系破冰以及接受印度让步，比如允许联合国观察组留驻、释放东巴基斯坦人民联盟领袖穆吉布。诸如"强硬"、"大胆行动"以及"不失尊严"等话语反映了尼克松政府追求男性的美德，而他们对于英迪拉·甘地这位精明强悍且超越了所谓女性恶习的人物的贬抑之词，则将性别化语言展现得淋漓尽致。

批评人士对尼克松政府更为确凿的指控，是该政府将地区问题和全球冷战较量结合在了一起。对于印度和巴基斯坦在南亚次大陆追逐各自的国家利益，尼克松和基辛格表现出一种惊人的冷漠。但是，通过回顾更为完整的文件档案和美苏秘密渠道所揭示的白宫的实际言行，我们可以在某种程度上减少对尼克松政府行事鲁莽且不惜引发第三次世界大战的指责。美国向苏联传达的信息大多涉及在联合国层面采取一致行动以及鼓励苏联对其特殊盟友印度强加约束。美苏秘密渠道的交往显示美方的行动稳健有余而非不顾后果。尼克松在任何时候都没有加强美国战略核力量的作战准备。美国以人道主义之名动用第74特遣队来协助美国居民从东巴基斯坦撤离，此举似乎无可厚非，而其背后的真实原因——应对苏联的海军行动以及给印度发送信号——也是不无道理的。

尼克松的南亚政策为基辛格提供了一个理想的机会，使他将白宫政策制定和执行的权力集中在了一起。基辛格绕过国务卿罗杰斯和国务院以提升自身地位的做法给人留下了深刻印象。尼克松在印巴危机和战争期间虽然没有完全绕过国务院，但在他的影响下，国务院的作用仅限于将印巴问题呈交联合国以及处理难民危机。尼克松和基辛格确认是印度挑起战争，并且认为印度对西巴基斯坦的企图与美国利益是不相容的，但无论从哪方面看，证实这一点的唯一方法只能是印度方面公开其原始档案，且公开的程度不得亚于人们现今可以获得的美方资料。

超级大国应对南亚危机的努力并没有从根本上决定次大陆的局势。相比尼克松、基辛格、沃龙佐夫和勃列日涅夫，在南亚次大陆的最终出路上，英迪拉·甘地、叶海亚·汗、佐勒菲卡尔·阿里·布托和穆吉布·拉赫曼的行动发挥了更加重要的作用。但是，尼克松政府运用三角外交的方式，在联合国偏向中国，同时依赖和苏联沟通的秘密渠道，如朱西·汉西马基（Jussi Hanhimaki）所称的那样，向巴基斯坦倾斜实质上就是向中国倾斜。在一定程度上，各方政策主体正在按照冷战的格局划分发挥着自己的角色作用。而随着尼克松访问中国成行，以及越南民主共和国发动自 1968 年以来针对越南共和国的最大规模进攻，各国建立起的国际秩序将派上更大的用场。

第 15 章

1972 年大选

在整个竞选过程中,尼克松的票数一直领先,并最终获得压倒性胜利,续写了美国总统竞选历史上的最好战绩。尼克松仅输掉马萨诸塞州和哥伦比亚特区的选举人票,收获了超过 60% 的普选票。

1972年,尼克松在美国总统大选中竞选连任,在号称"西部白宫"的太平洋之家外面进行竞选演说。

1971年8月15日，尼克松发表电视讲话，宣布结束布雷顿森林体系、放弃金本位制。他同时公布了一系列经济方案，包括进口附加税、工资和物价管制、美元贬值以及投资税收抵免。尼克松知道，待这些措施取得成效时正值1972年总统大选。虽然尼克松自称不懂经济和货币政策，但以上措施让他树立了经济领域领导人的形象，在1972年大选之前，几乎所有经济指标都在短期内取得了增长。

终结金本位制引起的关注远远不及尼克松政府所做的其他努力。货币政策很少成为新闻头条，部分原因是政策本身较为复杂，此领域往往由专业人士而非重要政治人物负责。虽然尼克松在惠蒂尔时修过经济课，但他与亨利·基辛格等其他外交专家一样，对经济问题并不擅长。可是，尼克松在1971年8月15日晚发表的全国电视讲话，却促成了第二次世界大战后最重要的一起经济事件：布雷顿森林体系瓦解，最终导致18个月后全球主要货币实行对美元的浮动汇率。布雷顿森林体系建立于第二次世界大战后期的1944年，旨在引领战后经济复苏以及在经过第二次世界大战空白期之后使货币回归金本位制。

在布雷顿森林体系中，各国货币与美元挂钩，美元直接与黄金挂钩。该体系加强了世界货币秩序，美元成为国际收支方式并可以兑换成黄金。但是，随着美国国际收支产生逆差，美国货币体系失调，1958年后，流通中的美元超过了诺克斯堡金库所持的黄金储备，这违反了布雷顿森林体系的一条关键原则。之后，由于越南战争和"伟大社会"开支的增加以及制度本身的不稳定因素，到1971年夏，美国黄金储备首次跌破100亿美元，尼克松不得已要采取行动了。因此，1971年8月15日，他宣布美国暂不接受以美元兑换黄金，直到两者可以重新持平。尼克松的讲话让全世界为之震惊。虽然1971年12月十国集团会议时布雷顿森林体系暂时得以修补，但到了1973年年中，各国相继实行对美元的浮动汇率，这种情况一直延续到了今天。

　　虽然这番讲话看似与1972年总统选举并不相关，但尼克松不这么认为。1960年总统选举时他惜败对手约翰·F. 肯尼迪，留下了很多遗憾。其中，他最为失意之处莫过于因为国家经济状况而饱受非议。在那次大选前不久，美国经历了一场不算严重的经济衰退，肯尼迪由此抓住尼克松的把柄，攻击艾森豪威尔和尼克松政府处理经济问题不力。尼克松认为是美联储未尽全力挽救经济，因此他此番决心向经济问题宣战。尼克松从未原谅过美联储主席麦克切斯尼·马丁（McChesney Martin）。他一直认为马丁的不作为是因为他持偏向肯尼迪的立场。因此，1970年尼克松一上任，便将马丁撤职。

　　1972年大选不会重蹈1960年的覆辙，尼克松对此志在必得。

第 15 章 1972 年大选

1971年秋尼克松在经济和货币领域采取的行动，使美国经济顺理成章地在大选的关键阶段保持增长态势，经济问题不再成为尼克松竞选的羁绊。之前由于美国经济增势不足，尼克松曾怀疑自己根本无法成功连任。虽然这些政策在 20 世纪 70 年代晚些时候使美国经济陷入滞胀，即高失业率和高通胀率的结合体，但在 1972 年年初，考虑这些后果还为时过早。同年晚些时候，尼克松对于获得他所在党的候选人提名基本上胜券在握了。基于与中国和苏联的既有外交成果以及美军大部分撤出越南，尼克松的政治对手在这些方面几乎毫无胜算可言。

此外，尼克松担心的唯一潜在对手——参议员爱德华·肯尼迪（Edward Kennedy），由于查帕奎迪克事件①宣布不参加竞选。民主党最终提名参议员乔治·麦戈文（George McGovern）为总统候选人，但麦戈文甚至无法获得党内人士的多数支持，相比之下，爱德华·肯尼迪本可以成为尼克松更为强大的对手。与此同时，1972 年水门事件还未完全浮出水面，直到 1973 年案情内幕被揭发之后才对尼克松政府造成了重大影响。在整个竞选过程中，尼克松的票数一直领先，并最终获得压倒性胜利，续写了美国总统竞选历史上的最好战绩。尼克松仅输掉马萨诸塞州和华盛顿哥伦比亚特区的选举人票，收获了超过 60% 的普选票。尼克松 1972 年的连任选举（见表 15-1），与 1936 年富兰克林·D. 罗斯

---

① 1969 年 7 月，爱德华·肯尼迪驾车在查帕奎迪克岛发生交通事故，随行女子玛丽·乔·科佩奇溺亡，此事件成为他此后政治生涯中的污点。——译者注

福和 1964 年林登·约翰逊的连任选举一起,创下了 20 世纪美国总统竞选最大的票数优势纪录。

表 15-1　　　　　　1972 年美国总统大选情况

1972 年总统选举	选举人票	获得多数票的州数目	普选票
尼克松(共和党)	520	49	47 168 710
麦戈文(民主党)	17	1(+华盛顿特区)	29 173 122

第 16 章

水门事件

水门事件遗留的问题十分复杂,而且还在不断演进。众所周知,理查德·尼克松是唯一一位在任期内辞职的美国总统,尼克松选择于 1974 年 8 月在参议院表决弹劾案之前辞职。迄今为止,有关水门事件的著述甚多,不断公开的尼克松白宫录音填补了诸多细节,以至于如今我们看似确切知晓事件的全过程。但是,这并非最终的事实。

辞去总统职务的当日，尼克松最后一次乘坐陆军一号（Army One）总统专用直升机离开白宫返回加州的太平洋之家，登机时他强颜欢笑。

第 16 章 水门事件

在尼克松宣誓就职之后，1972 年大选遗留的另一个问题才慢慢显露出来，并最终导致尼克松在任内辞职。1972 年 6 月 17 日，警方当场抓获闯入水门大厦民主党全国委员会办公室的 5 名嫌犯，这是尼克松的竞选团队犯下的一个蹩脚错误。这些窃贼及其资金来源被发现和尼克松连任竞选委员会有关。在案情审理看似毫无进展之时，案犯之一詹姆斯·麦科德（James McCord）私下写信给法官约翰·J. 西里卡（John J. Sirica），称一些"高层人士"确实参与了掩盖水门事件真相的行动。虽然尼克松声称自己与案件毫无瓜葛，但仍有多位政府官员因此辞职。

随后，参议院成立水门事件调查委员会，来自南卡罗来纳州的参议员萨姆·欧文（Sam Ervin）任主席，因此该委员会又称"欧文委员会"。同时，设立特别检察官一职。1973 年春，多位白宫高级助理辞职，其中有几位日后被宣判企图掩盖案件真相。尼克松否认自己与水门事件有任何干系，但在 1973 年 7 月被人揭发，对方称尼克松从 1971 年以来就一直对谈话和电话秘密录音，而最终被调阅的证据似乎也说明尼克松比他声称的更多地参与了掩盖真相。水门事件的遗留问题至今仍充满争议，有些诉讼甚至持续到了 21 世纪初，一些关键的档案在写作此书时也尚未开放。此外，只有对尼克松的录音带进行完整研究以了解该政府的实质性政策，就如为了解水门事件而做出同等研究一样，才能展开对于尼克松政府的全面讨论。即使在水门事件这个主题上，诸如谁下令进行窃听以及行窃者当时在找寻何物这些关键性问题，在写作此书时仍然疑云未消。

水门事件对尼克松政府的影响是十分明显的。对水门事件相关活动的调查逐步升级，挤占了尼克松越来越多的时间。此外，1972 年年底的越南，和平无望，尼克松被迫提前消耗自己在连任选举中积累的大量政治资本，对越南发动"圣诞大轰炸"，并最终促使越南民主共和国重新回到谈判桌前。1973 年 1 月，《巴黎和约》签署。从人员损失上看，单就美军而言，越战造成了 58 000 人死亡、304 000 人受伤。

因此，从第二任政府伊始，尼克松便无法将注意力集中在国内要务（比如围绕 1973 年的政策进行大范围的政府机构重组以及在 1974 年推行全国综合医疗保险计划）上。尽管尼克松结束了征兵制等使他获得了国民的支持，但他所遭受的挫折却比成绩更加突出，比如副总统斯皮罗·T. 阿格纽（Spiro T. Agnew）因被控受贿、逃税和洗钱而递交辞呈，众议员杰拉尔德·福特（Gerald Ford）继任副总统一职。在尼克松执政的最后一年，他仍在勉强支撑应对第四次中东战争以及不断扩大的石油危机。尼克松政府遭遇的这些不利以及尼克松本人行事隐秘的个性使他在国会和美国人民面前的信誉进一步下降。逐渐地，尼克松执行外交政策的能力受到严重质疑，他似乎很难再向前迈出一步。

1973年11月7日，有关国会和总统战争权的第542号众议院联合法案正式成为93-148号公法，此法案又称《战争权力决议案》，议案在国会两院通过后遭到尼克松否决。之后，众议院取得284票赞成比135票反对的投票结果，其中86名共和党人投了赞成票；而参议院的票数为75票赞成比18票反对，共有25名共和党人投赞成票。至此，尼克松的否决被国会推翻。法案的发起人托马斯·F. 伊格尔顿（Thomas F. Eagleton）（密苏里州民主党人）、雅各布·K. 贾维茨（Jacob K. Javits）（纽约州共和党人）以及约翰·C. 斯滕尼斯（John C. Stennis）（密西西比州民主党人）努力促成了国会的胜利。国会对尼克松的支持跌到了谷底。其他方面的因素还包括越战硝烟未尽、水门事件调查升级，而国会中有超过四分之一的议员从1970年起就开始任职，其中很多都持反战态度。在这项法案通过之后（至本书写作之时），自杰拉尔德·福特以来的历任总统一共向国会提交了121份报告，以求依法行使战争权，可见该法案持久的影响力。

这项法律对尼克松来说无异于一记重拳。按照《战争权力决议案》的关键条款，总统在动用武装力量投入战斗之前必须与国会商讨，而行动之后必须与国会定期协商。如果国会没有宣战，总统必须在动用武力的48小时内与国会两院领袖进行首次商讨，说明战争的性质、使用武力的授权以及估计的部署期限。最后，除了遵守每一步的后续协商，武装力量必须于60天内撤出，除非国会准许延期。在任何时候，国会都可以通过对共同决议投赞成票命令总统停止动用武装力量。

对因掩盖水门事件真相而名誉受损的总统，国会通过这项法律予以非难，不仅如此，法律的最后一条往往被视为国会对尼克松总统应对越南危机而做出的回应。但是，如果强调1973年的党派政治背景，这种观点又过于偏狭。国会并未声称要赋予其自身新的宪法权力，最重要的是，国会没有反对一旦宣战总统即有权作为总司令发动战争的说法。对《战争权力决议案》更好的理解，是国会用以重申其在宣战方面的宪法权力，这标志着30年来两党对总统特权的辩论产生了最终结果。

自冷战开始以来，特别是1950年朝鲜战争之后，历任总统日益要求有权不经国会授权而部署并维持武装力量。各届政府对此给出了不同理由：总统需要有能力采取迅速且偶尔隐蔽的活动，而寻求国会批准往往导致无法迅速行动。很多人认为，如果对行政官和立法层的权力进行分离并做出详细说明，立法者便无法预见到冷战的特殊环境，这包括游击战和叛乱战、国家解放战争以及国际恐怖主义的增加。

直至20世纪60年代末，更确切地说，直到愈发不得人心的越战时期，面对总统的单方面行动，国会一直是授权、核准或批准总统动用武装力量，但并不宣战。此外，联邦法院准许甚至批准总统的上述行为以及国会可以放弃做出不宣而战的决定，如坎贝尔诉克林顿案——《联邦补充案例》第2辑第52卷第34页（华盛顿哥伦比亚特区地方法院，1999年）、《联邦判例》第3辑第203卷第19页（华盛顿哥伦比亚特区巡回法院，2000

年)——维持原判,《美国判例汇编》第 531 卷第 815 页(2000 年)案件的调卷令申请被拒。但是,在放弃决定权近三十年之后,国会通过《战争权力决议案》确保总统(一旦条件许可)将军事行为呈交国会批准,而国会则履行宪法义务,做出主战或主和决定。在经历长时间的空白期之后,国会看似准备好要重新履行其宪法责任了,虽然这项工作有时不免艰巨、充满挫败。

到了 1974 年年中,国会中尼克松的支持者不断减少,其中甚至包括很多共和党议员。1974 年 5 月 9 日,众议院司法委员会开始启动弹劾尼克松的程序。尼克松企图利用行政特权,拒不交出会谈和电话录音,但最终被最高法院驳回。尼克松知道自己的选择已经所剩无几了。在被调阅的录音资料中,包含"确凿证据"的录音带于 1974 年 8 月 5 日发布,揭示了在 1972 年 6 月水门窃听案发生之后,尼克松知晓掩盖方案的最初阶段,并且提出让中央情报局阻挠联邦调查局介入调查。最终,1974 年 8 月 8 日晚,尼克松发表电视讲话,宣布将在次日辞去总统职务,副总统杰拉尔德·R. 福特将于午间就任总统。尼克松确实在 8 月 9 日离开了白宫,整整一个月后,福特总统宣布赦免尼克松任内的所有刑事责任。虽然尼克松从未承认过任何共谋犯罪,但被赦免一事无法让他抹去有罪的形象。

水门事件遗留的问题十分复杂,而且还在不断演进。众所周知,理查德·尼克松是唯一一位在任期内辞职的美国总统,尼克松选择于 1974 年 8 月在参议院表决弹劾案之前辞职。迄今为止,有关水门事件的著述颇多,不断公开的尼克松白宫录音填补了诸多细节，以至于如今我们看似已经确切知晓事件的全过程。但是，这并非最终的事实。在写作本书之时，一些关键档案还未对研究者开放，如参议院水门事件调查委员会的密封档案，以及由美国地区法院法官约翰·J. 西里卡"永久"封存的档案资料。此外，阅读水门事件亲历者——不论是被告还是对水门事件相关活动的调查人员——的回忆录总是让人觉得仍然有许多人们不清楚的事情原委。

比如，我们仍然无法回答有关非法闯入水门大厦的一些基本问题：为何闯入大楼？谁下的命令？那些人在寻找什么？虽然为回答这些问题已经花费了数百万的纳税人税金，但我们仍是一头雾水。梳理水门事件的历史不能仅依靠政府档案，要更多地求证于大陪审团的证词等法庭记录。虽然大多数人知道水门事件是在1972年6月发生的一起窃听案，但围绕该案件展开的激烈的法庭辩论却持续了30年之久。今天，对于水门事件仍然没有确切的历史论述，研读数十年的档案资料的任务异常艰辛，这可能意味着，我们将一直认为我们对水门事件的了解比我们真正知道的还要多。

结语

结语

尼克松在辞职下台后,成功接受了戴维·弗罗斯特(David Frost)的一系列深度采访,这些采访在美国和世界各地的黄金时段电视节目中播出。自此之后的近20年中,尼克松的名声逐渐上升。尼克松写了多部畅销书,并继续活跃在国际舞台上。辞职后他4次出访中国,见证了冷战结束以及俄罗斯对共产主义制度的转轨,他还经常应邀为多位继任总统出谋划策。尼克松生前接受了学者对他的评价,他从不认为自己同时代的人会认可他所取得的成就。在尼克松看来,历史学家最终会为他洗刷清白。尼克松在80岁高龄时仍然能脱稿发表长篇演讲,他早年就因这种演讲风格被人们所熟知。此外,他仍然十分积极地投身于国内外事务之中。

1994年4月18日,尼克松突患中风,4天后不幸离世,享年81岁。包括克林顿总统在内的美国两党政要对尼克松称赞有加,敦促美国人要基于尼克松的全面经历对其做出评价,而不是仅仅关注他的一些缺点。尼克松被安葬在加利福尼亚州约巴林达的理查德·M.尼克松总统图书馆的墓地,与其妻子的墓地相邻,这里也是尼克松旧居所在地。尼克松是唯一一位辞职下台的美国总统，也是两次当选总统和副总统的唯一一人。他担任联邦政府行政职务的时间比其他任何人都长。尼克松总统为美国政坛高层树立了新的标杆，时至今日，他在美国人民的民族意识中仍然占据着独特地位。

尼克松的功和过至今仍然是人们热烈争论的话题。他的国内政绩包括实施税收分享政策、结束征兵制、施行新的反犯罪法以及扩大环境治理方案。在外交领域，他促使中美关系解冻、与苏联签订《限制战略武器条约》并结束了越战。因为这些成就，1972年尼克松成功连任，打败了民主党总统候选人、参议员乔治·麦戈文，创下了竞选历史上的最好成绩之一。在20世纪，只有1936年富兰克林·D. 罗斯福和1964年林登·约翰逊的连任竞选可以与之相提并论。

谈起尼克松的总统任期，水门事件一直是其挥之不去的阴影，它也是大多数人提起理查德·尼克松时的第一反应。不论公正与否，由于大批档案资料和白宫录音带仍在陆续公布中，水门事件和尼克松的任职情况还有待我们进一步加以了解。此外，由于继任总统爆出的丑闻，水门事件虽然没有完全消失于人们的视野，却也有所淡化了。虽然斯蒂芬·安布罗斯（Stephen Ambrose）撰写的三册尼克松传记已经出版了20多年，但在很多方面我们对于尼克松的理解并未超出书中的结论。安布罗斯写作时，绝大多数的尼克松白宫档案还未开放，但作者下结论称：尼克松辞职了，这个国家却得不偿失。

总统大事年表

1969年1月20日　理查德·M.尼克松在美国华盛顿国会大厦宣誓就职总统。

1969年2月23日—3月2日　尼克松开启任内首次访欧之行，到访了北约、法国、联邦德国和英国等盟国。尼克松就职仅仅一月，还未在美国国会发表演讲，就在欧洲各国议员面前发表了讲话。尼克松此行讨论了改善大西洋两岸关系的必要性（尤其是和法国之间的）以及越战、苏联和中国等问题。

1969年3月14日　尼克松请求国会批准更换反弹道导弹系统。

1969年3月17日　从代号为"早餐行动"的轰炸活动开始，尼克松下令对柬埔寨实施多次秘密轰炸，以摧毁越南民主共和国的补给线路和基地。当公众后来得知了这场行动，一些人批评尼克松扩大了战争，这与他宣称的结束战争的目的背道而驰。

1969年5月　尼克松下令联邦调查局进行电话窃听，以追踪轰炸柬埔寨的机密遭到泄露的渠道。尼克松表示前任总统都曾使用电话窃听，并以此为自己的行为辩护。

1969年5月21日　尼克松提名沃伦·伯格为最高法院首席大法官。包括罗诉韦德案等一些关键案件在伯格任内得到裁决。

1969年6月8日　尼克松在中途岛会见越南共和国总统阮文绍，随后宣布美国援越军队裁员 25 000 名。

1969年6月9日　参议院以 74 比 3 的票数批准沃伦·伯格出任最高法院首席大法官。

1969年6月28日　纽约市发生的"石墙事件"标志着美国现代同性恋权利运动的开始。

1969年7月20日　阿波罗 11 号的登月舱在月球着陆。尼尔·阿姆斯特朗（Neil Armstrong）和埃德温·巴兹·奥尔德林（Edwin "Buzz" Aldrin）两人开创了人类踏足月球的历史，另一名机组成员迈克尔·柯林斯（Michael Collins）留在"哥伦比亚号"指令舱中绕月球环行。

1969年7月25日　尼克松在关岛欢迎宇航员返回地球。尼克松在关岛期间概述了所谓的尼克松主义，即美国将向亚洲盟国提供武器和援助，但不提供兵力，而盟国将依赖自身的军事力量抵抗共产主义侵略。从更广义的层面说，尼克松主义开启了美国减少介入全球事务尤其是减少军事投入的新时期。

1969年8月8日　尼克松宣布"家庭援助计划"，这是一项向穷苦劳动者提供直接经济援助的福利改革计划。这是尼克松政府所推行的最具进步性的社会方案之一。该计划由于遭到国会否决，最终没有成为法律。

1969年8月15日—18日　伍德斯托克音乐节在纽约市白湖开幕。该音乐节被认为是流行音乐历史上最重要的事件之一，吸引了超过 50 万人参加。

1969年10月29日 对亚历山大诉霍尔姆斯县教育委员会案,最高法院裁定"立即"在学校实行种族融合,强制拒不服从的学校结束种族隔离的做法。

1969年11月3日 尼克松概述了将越战"越南化"的政策,即美国将向越南共和国提供设备和经济援助,但会撤出美国军队。按照尼克松主义,美国将继续提供这样的援助,但当地的军队将负担更多的战斗任务。尼克松希望得到"沉默的大多数"的支持,这也许是尼克松任内最重要的演讲之一。

1969年11月9日 由理查德·奥克斯(Richard Oakes)领导的一群美洲印第安人占领了旧金山的阿尔卡特拉斯岛,岛上曾经设有联邦监狱。印第安人团体占领该岛长达19个月,激发了土著民的自豪感并掀起了一股政府改革的浪潮。

1969年11月24日 尼克松签署《不扩散核武器条约》。

1970年1月1日 尼克松签署1969年《国家环境政策法》。

1970年4月1日 尼克松签署《公共健康烟草吸烟法》,从1971年1月1日起禁止国内电视台做烟草广告。

1970年4月11日 阿波罗13号登月飞船发射,机组成员为吉姆·洛弗尔(Jim Lovell)、弗雷德·海斯(Fred Haise)和杰克·斯威格特(Jack Swigert)。4月13日,飞船氧气罐发生爆炸,机组人员被迫放弃登月,并最终于4月17日安全返回地球。

1970年4月22日 美国庆祝第一个地球日。

1970年4月30日 尼克松宣布对柬埔寨境内的敌军避难所发动军事袭击。此举似乎表明美国更多地参与越战,总统因此招致了一些批评。尼克松公布消息后,爆发了大规模的学生反战行动主义浪潮,最终,俄亥俄州政府出动巴士绕白宫环行,以防在白宫周边出现游行示威。

1970 年 5 月 4 日　俄亥俄州肯特州立大学的学生举行反战示威,抗议美国入侵柬埔寨,俄亥俄州国民警卫队向示威者开火,造成 4 名学生死亡、9 名学生受伤。

1970 年 5 月 9 日　10 万人在华盛顿哥伦比亚特区举行反对越战的抗议示威活动。

1970 年 7 月 9 日　尼克松宣布成立环境保护局(EPA)及国家海洋和大气管理局(NOAA)的计划,进一步扩大了政府的环境政策纲领。

1970 年 12 月 21 日　尼克松与埃尔维斯·普雷斯利(Elvis Presley)在椭圆形办公室会面。此次会面全程保密,但尼克松和埃尔维斯的一张合照日后成了人们向美国国家档案馆最常索取的资料。

1970 年 12 月 31 日　尼克松签署 1970 年《清洁空气法》。

1971 年 2 月 8 日　纳斯达克股票市场在纽约创建。

1971 年 2 月 16 日　尼克松开始对椭圆形办公室和内阁会议室的对话和会谈进行录音。录音系统之后扩展到行政大楼和戴维营等处。虽然从富兰克林·罗斯福开始,历任总统都曾进行过秘密电话和会谈录音,但尼克松是第一位进行全面录音的总统,这套由语音启动的系统录下了长达 3 700 小时的录音。在 1973 年 7 月录音系统一事被泄露给欧文委员会之前,大多数尼克松最亲密的助手不多都不知道他们是被录音的对象。

1971年4月20日　对斯旺诉夏洛特-梅克伦堡教育委员会案，最高法院裁定，用校车接送学生作为一种终结学校双轨制的方式符合宪法。尼克松政府不支持该裁决。

1971年4月24日　在华盛顿哥伦比亚特区和旧金山，分别有50万人和12.5万人举行反对越战的抗议示威活动。

1971年6月10日　尼克松悄然结束已经实行20余年的对华贸易禁运，作为与全球人口最多的国家实现关系正常化的一项举措。

1971年6月12日　尼克松的女儿帕特里夏（特里西娅）·尼克松与爱德华·F. 考克斯在白宫举行婚礼。

1971年6月13日　《纽约时报》开始刊登"五角大楼文件"——长达四十卷的有关越南战争的研究成果，研究内容基于肯尼迪和约翰逊政府高度机密的五角大楼档案。虽然尼克松政府与此没有直接牵连，但尼克松政府寻求禁令以阻止文件继续刊发，却最终未能如愿。

1971年6月30日　宪法修正案第二十六条获得通过，赋予18～20岁的公民选举权。

1971年7月9日　尼克松委派国家安全顾问亨利·基辛格前往北京，与周恩来总理会面。此行的目的是两国就尼克松总统未来访华达成协议。

1971年7月15日　尼克松宣布自己将是首位访问中华人民共和国的美国总统，这标志着中美20余年的孤立和敌对状态结束。

1971年8月15日　在1970年《经济稳定法案》授权下，尼克松宣布了第一阶段的经济稳定方案，即实行工资和物价管制的新经济政策以及导致金本位制终结的新的国际经济体系。这起战后最重要的经济事件之一，给了实施固定汇率的布雷顿森林体系致命一击。

1971年9月3日　美国、苏联、英国和法国在柏林签订《西柏林协定》。协定首次确立了西柏林和联邦德国之间的贸易和旅游关系以及西柏林和东柏林之间的交往，极大缓解了东西两大阵营的紧张关系，为双方进一步合作提供了基础。

1971年11月22日—12月16日　1971年印巴战争以印度取胜和孟加拉国获得独立的局面收场。美国奉行的政策被称为向巴基斯坦"倾斜"，即在印巴战争中支持巴基斯坦，这表面上是因为巴基斯坦是中国的盟友。苏联选择和印度站边，虽然印度作为不结盟国家的领导者而声名在外。

1972年1月7日　尼克松宣布参加连任竞选。

1972年2月21—28日　尼克松访问中华人民共和国，进一步努力推动两国邦交正常化。

1972年5月8日　尼克松宣布对河内和海防港实施轰炸和水雷封锁，即将到来的美苏首脑会晤面临被取消的风险。

1972年5月15日　总统候选人之一、亚拉巴马州州长乔治·C.华莱士在马里兰州劳雷尔市一所购物中心举行竞选活动时遭枪击。华莱士落下终身残疾，暗杀未遂者阿瑟·布雷默

（Arthur Bremer）在狱中至少度过了35年。

1972年5月20日—6月1日　尼克松出访奥地利、苏联、伊朗和波兰，收获了任内的一项重要成果，即签署《第一阶段限制战略武器条约》。

1972年6月17日　警方抓获闯入华盛顿哥伦比亚特区水门大厦民主党全国委员会的五名窃贼。这些窃贼后被发现和尼克松连任竞选委员会有关。

1972年6月23日　尼克松和幕僚长H.R."鲍勃"·霍尔德曼讨论联邦调查局调查水门事件的进展，尤其讨论了对窃贼所携带的资金来源的追踪调查。他们计划让中央情报局命令联邦调查局中止调查，声称闯入水门大厦与国家安全有关。这段对话后被称为水门事件的"确凿证据"。

1972年6月29日　最高法院裁定死刑判决不符合宪法。

1972年8月1日　一名水门事件案犯的银行账户上，被发现有一笔给予尼克松连任竞选委员会的2.5万美元的现金款项。

1972年8月23日　理查德·尼克松在佛罗里达州迈阿密滩举行的共和党大会上接受总统候选人提名。

1972年9月5日　在慕尼黑举办的奥运会因恐怖分子杀害11名以色列运动员而被中途叫停。

1972年11月7日　尼克松以美国政坛历史上最高的得票率获得连任竞选的压倒性胜利。

1972年12月18日—30日　在越南民主共和国违背十月份达成的一项和平共识之后，尼克松下令对越南民主共和国实施大规模轰炸，使其最终回到谈判桌前。此次轰炸行动后被称为"圣诞大轰炸"。尼克松由于短时间内恢复轰炸的决定招致了国内外的严厉批评。

1972 年 12 月 30 日　尼克松宣布停止轰炸越南民主共和国。

1973 年 1 月 20 日　尼克松在美国国会大厦宣誓就职，开启第二个总统任期。

1973 年 1 月 22 日　对罗诉韦德案，最高法院裁定，宪法赋予的隐私权"足够宽泛，包括妇女决定是否终止妊娠的权利"。

1973 年 1 月 27 日　标志越战结束的和平协定在巴黎签署，协定内容包括遣返所有美国战俘。

1973 年 1 月 30 日　两名水门事件案犯詹姆斯·麦科德和 G. 戈登·利迪（G. Gordon Liddy）被控犯有共谋罪、盗窃罪和窃听罪。

1973 年 2 月 7 日　美国参议院根据参议院第 60 号决议成立总统竞选活动特别委员会，该委员会由参议员萨姆·欧文领导，俗称欧文委员会。

1973 年 2 月 12 日　越战第一批美军战俘返回美国。

1973 年 3 月 21 日　尼克松、霍尔德曼和总统顾问约翰·迪安讨论水门事件以及后续的掩盖方案。迪安告诉总统，掩盖方案是"总统任期的肿瘤"必须被切除，否则总统一职将难保全。

1973 年 4 月 30 日　尼克松接受两位最亲密的助理辞职，分别是 H. R."鲍勃"·霍尔德曼和国内事务助理约翰·埃利希曼。同时辞职的还有司法部部长理查德·克兰丁斯特（Richard Kleindienst）以及约翰·迪安。尼克松公开表示对水门事件负责。

1973年5月1日　美国参议院就一项决议投票，呼吁任命一名水门事件特别检察官。

1973年7月1日　美国缉毒局成立。

1973年7月12日　秘密录音系统录下了最后一段总统对话。幕僚长亚历山大·M. 黑格下令终止所有录音，此时录音时长已达3 700小时。

1973年7月13日　在欧文委员会的私人采访中，美国联邦航空局局长、前白宫助理亚历山大·P. 巴特菲尔德在公开宣誓作证之前披露了白宫秘密录音系统。

1973年7月16日　在欧文委员会举办的听证会上，巴特菲尔德宣誓作证，披露了白宫秘密录音系统及其具体工作原理。

1973年7月31日　众议员罗伯特·F. 杜里南（Robert F. Drinan）（马萨诸塞州民主党人）在国会发起弹劾决议。

1973年9月22日　亨利·A. 基辛格宣誓就职国务卿。

1973年10月6日至24日　由埃及和叙利亚领导的阿拉伯国家和以色列爆发战争，后称第四次中东战争。

1973年10月10日　副总统斯皮罗·T. 阿格纽因被指控受贿而辞职。受贿事件源自阿格纽任职马里兰州巴尔的摩县长时期，与水门事件无关。

1973年10月12日　尼克松提名众议院少数派领袖杰拉尔德·R. 福特接替斯皮罗·T. 阿格纽担任副总统一职。

1973 年 10 月 20 日　由于司法部部长埃利奥特·理查森 (Elliot Richardson) 和司法部副部长威廉·拉克尔肖斯 (William Ruckelshaus) 不同意解雇特别检察官阿奇博尔德·考克斯 (Archibald Cox)，尼克松下令解除两人职务。但是，代理部长罗伯特·博克 (Robert Bork) 同意解雇考克斯。这些事件后被称为"星期六之夜大屠杀"。

1973 年 10 月 24 日　尼克松否决《战争权力决议案》，该决议后被国会通过。决议旨在让总统在战时更多对国会负责。

1973 年 11 月 17 日　尼克松向一群美联社执行编辑发言称："人们需要知道他们的总统是否是个骗子。而我不是骗子。"尼克松的这番话广为人知。

1973 年 12 月 6 日　杰拉尔德·R. 福特就任副总统。

1974 年 1 月 2 日　尼克松签署《高速公路能源节约紧急法案》，限制美国境内的汽车行驶速度不得超过每小时 55 英里。

1974 年 2 月 6 日　众议院就开启总统弹劾调查进行投票。

1974 年 4 月 29 日　尼克松宣布他会公布水门事件特别检察官和众议院司法委员会要求调阅的 46 份对话录音文稿，以期国会不再要求调阅更多录音资料。

1974 年 5 月 7 日　尼克松签署《联邦能源管理法案》，这标志着美国建国后首个国家能源政策出台。

1974 年 7 月 24 日　最高法院在美国诉尼克松案中裁定，尼克松必须向美国地区法院首席法官约翰·J. 西里卡上交被调阅的录音带。

1974 年 7 月 24 日—30 日　众议院司法委员会通过针对尼克松总统的三项弹劾条款。

1974 年 8 月 8 日　理查德·尼克松发表全国电视讲话，宣布将在次日辞去总统职务。

1974 年 8 月 9 日　上午 10 点尼克松离开白宫南草坪。他最后一次乘坐"海军陆战队一号"，飞往马里兰州的安德鲁斯空军基地。他在那里登上"76 年精神号"飞机前往埃尔托罗海军陆战队航空基地。为纪念即将举行的 200 周年庆典，尼克松特为"空军一号"取名"76 年精神号"。

1974 年 9 月 8 日　杰拉尔德·R. 福特宣布赦免"从 1969 年 1 月 20 日至 1974 年 8 月 9 日期间理查德·尼克松已犯下的或者可能犯下的或参与的所有叛国罪行"，尼克松对此表示接受。虽然尼克松从未承认过任何犯罪行为，但很多民众认为接受赦免就意味着他确实犯下了某些罪行。

附录

1. 关于越南战争的全国讲话（1969年）

……今晚我想与你们谈论一个全国人民及世界上许多人都深切关注的话题——越南战争。

越南问题之所以引起深刻分歧，我认为其中一个原因是很多美国人对他们的政府所阐述的政策失去了信心。除非美国人民知晓一项政策的全部事实，否则对于涉及战争与和平这种重大议题的政策，我们不能也不应该要求美国人民予以支持。

……我认识到我的一些同胞不赞同我选择的和平方案。诚实爱国的美国人对于如何实现和平有着不同的结论。

几周前在旧金山，我看到游行示威者举着标语，上面写着："越南失利，带男孩们回家。"

当然，我们自由社会的优点之一就是任何美国人都有权利达成这样的结论并宣扬这种观点。但作为美国总统，如果允许国家政策被持有这种观点且试图通过街头游行示威给国家强加这种观点的少数人所左右，那么我便违背了我的宣誓词。

在美国近两百年的历史中，国家政策都是由全美人民选举出的国会和行政领导人根据美国宪法制定的。无论理由多么强烈，如果少数人的呼声凌驾于理性和大多数人的意志之上，那么这个国家作为自由社会的前景便是无望的。

……两百年前，我们的国家积贫积弱。但即使在那个时候，美国仍然是世界上数百万人的希望。今天我们已经成为世界上最强大和最富裕的国家。历史的车轮已经翻转，维持世界和平和自由的任何希望将取决于美国人民是否拥有道德意志和勇气，来迎接作为自由世界领导者的挑战。

我们不应该让历史学家这样记录，那就是，当美国是全球最强大的国家时，我们转向了路的另一边，让数百万人对和平和自由的最后希望任由极权主义扼杀。

所以今晚——对于你们，对于作为沉默的大多数的伟大的美国同胞——我希望得到你们的支持。

我在竞选总统时曾经承诺，我们会以赢取和平的方式结束越战。我已经发起了一项可以让我信守承诺的行动计划。

我从全国人民获得的支持越多，这个承诺就可以越快兑现。因为，我们国内的分歧越多，让敌人参加巴黎和谈的希望就越渺茫。

让我们为了和平而团结起来。让我们为了抵御失败而团结起来。因为我们要明白这一点：越南民主共和国不能打败或羞辱美国。只有美国人民才能。

五十年前，同样是在这间屋子、在这张办公桌后，伍德罗·威尔逊总统所做的发言激起了那个惧怕战争的世界的想象力。他说:"这是一场为结束战争而发起的战争。"在大国政治的严峻现实面前,威尔逊总统对一战之后世界和平的夙愿被击得粉碎,总统本人也因病去世。

后来有研究表明这张桌子并不像人们一直以为的是伍德罗·威尔逊总统所使用过的,而是格兰特(Grant)总统执政时亨利·威尔逊(Henry Wilson)副总统所使用的。

今晚,我不会告诉你们越南战争是为了结束战争而打响的。但我想告诉你们,我已经发起了一项结束这场战争的计划,这会让我们朝着伍德罗·威尔逊和历史上每一位美国总统曾致力实现的伟大目标更进一步,那就是取得公正和永久和平。

作为总统,我有责任选择通往这个目标的最佳道路,并带领全国沿着这条道路前进。

今晚我向你们承诺,我会遵照你们的期望、记住你们的关切、将你们的祝愿作为支撑,用我所能发挥的全部力量和智慧,来迎接这个责任。

2. 概述新经济政策的全国讲话:"和平的挑战"(1971年)

在过去的两年里,对于结束战争的问题我发表了多次全国讲话。鉴于我们在此目标上取得的进展,这个周日的晚上正是一个恰当的时机,我们需要开始关注和平的挑战。

……美国是时候要制定一套新的经济政策了。新政策会致力解决失业、通货膨胀以及国际投机。我们将通过如下方式达成这些目标。

……战争所造成的虚假繁荣的最残酷的后果之一就是通货膨

胀。通货膨胀抢走了每一个美国人的财富，无一人例外，其中，已经退休且依赖固定生活收入的2 000万人受到的冲击最大。主妇们发现她们越来越难以平衡家庭收支。8 000万工资收入者一直不堪重负地劳动着。比如，在1965年至1969年越战的四年时间里，你们工资增长的优势完全被价格上涨所吞噬。你们工资单上的数字可能更大了，但生活并没有好转。

……是时候要采取果断行动了——这些行动将打破飙升的价格和成本的恶性循环。

……最近几周，投机者对美元发起了全面攻击。一国的货币优势是以该国的经济实力为基础的——美国经济到目前为止是世界上最强大的。我已经下令财政部部长采取必要措施，让美元抵御投机者造成的风险。

我已经命令财政部部长康纳利中止将美元兑换成黄金或其他储备资产，除非兑换的数目和条件有助于美国的货币稳定并符合美国的最佳利益。

那么现在，这项技术性很强的行动对你们意味着什么？

让我来平息一下对于所谓贬值的恐惧吧。

如果你想买一台外国车或出国旅行，市场条件可能让你所持的美元的购买力略有下降。但如果你像绝大多数美国民众一样，在国内购买美国制造的产品，那么你手中美元的价值在明日与在今日是一样的。

换句话说，这项行动的目的就是稳定美元。

现在，这项行动不会让我们在国际货币交易商中间赢取任何朋友。但我们的主要关切点是美国的工人以及全球的公平竞争。

……我今晚宣布的这一系列政府行动，其最终目的是为重拾信心奠定基础，并让我们可以与世界各国公平竞争，打开通往新的繁荣局面的大门。

……不论美国经济是否保持世界第一，还是退到第二、第三或第四的位置；不论我们作为一个民族对自己是否有信心；不论我们是否紧紧抓住为世界争取和平和自由的力量——所有这些都取决于你们，取决于你们的竞争力、你们的个人归属感以及你们对祖国和自身的自豪感。

……两百年前曾有人在日记中写下了这样的话："许多爱思考的人认为美国已经经历了最好的岁月。"这句话写于1775年，而当时美国革命即将爆发——人类历史上最为激动人心的一个时刻即将开启。今天我们听到了这些声音的回响，它宣示着黑暗和失败的教义，语句如出一辙："我们已经经历了最好的岁月。"

我说，让美国人民一起回答："我们最好的日子还未到来……"

3. 对中华人民共和国进行国事访问的白宫临行演讲（1972年）

……对于这一历史性使命，我深深感谢诸位来此为我们送行，我尤其要感谢你们当中的国会两党领袖。

在过去几天，白宫收到了来自全国的雪片般的信件，预祝我们此行顺利。我想，这些都强调了去年7月15日我宣布出访时所做的发言。

如果你们记得，我当时说过，这次访问将是一场和平之旅。

当然，我们也不抱任何幻想，即中华人民共和国和美利坚合众国长达 20 年的敌对局面会因为即将在华举行的一周的会谈而不复存在。

但是去年十月，周恩来总理对基辛格博士和先遣小组发表祝酒词称，美国人民是伟大的人民，中国人民是伟大的人民，两国人民虽远隔重洋、理念差异巨大，但这不应当妨碍他们找到共识。

当我们展望未来，我们必须认识到中华人民共和国政府和美国政府之间存在着巨大分歧。未来我们也会有分歧。但我们必须要做的，就是找到一种方式，以确保我们可以有分歧却不至于兵戎相见。如果此行能让我们离这个目标更近一步，这个世界将更加安全，尤其对于年轻一代来说，他们在和平的世界里长大的机会将无限增大。

最后，一言以蔽之，如果此行可以有附言，我希望是我们第一批登月宇航员在月球上所留下的纪念牌上的句子："我们为人类的和平而来。"

谢谢大家。再见。

4. 佛罗里达州奥兰多市美联社执行编辑协会年会上的问答环节（1973 年）

……自哈里·杜鲁门总统以来，我是第一个不持有任何股票的总统，也是第一个不持有保密信托的总统。当然，这不证明任何持有股票或保密信托的人做错了什么。但我认为在总统任期内，总统的个人财务没有疑问是很重要的，而且我认为房地产是个人财务最好的归属地。

但是接下来，出色的编辑们向我抛出了问题——我想要做出答复，因为你们有些人太过客气而没有问出这个尴尬的问题——他们问我："总统先生，您当总统时挣了 80 万美元。很显然，最起码其中的一半您交了税，或是有可能您交得更多——那么您怎么会拥有这笔钱？您从哪儿挣到的呢？"

当然，最重要的一点大概是我拥有 100 万美元的竞选基金，在全国各地都有花费，但也有盈余，尤其没有花在电视广告上。应该指出一点，报纸比电视在这方面做得好很多。

第二，他们还问道："您当总统只赚了 80 万美元，就这笔钱而言，您怎么可能做出这类投资呢？"

我要指出的是，我当选总统时并非身无分文。总统一职不会让我很富有。但你们看，我淡出政坛 8 年——为了全部讲清楚，我会发给你们一份文件，罗列出我想要你们知道的数据，但不是今天，这几天我会把文件做好——我当了 4 年国会议员、2 年参议员以及 8 年副总统，副总统年薪为 4.5 万美元，在这之后我离开政坛，一些媒体尤其是《华盛顿邮报》便编出一些故事，大意是说（副）总统已经在韦斯利高地购置了一处豪宅。人们对于这笔款项很是好奇。你知道我的净资产是多少吗？在担任政府职务 14 年后，我的总资产为 4.7 万美元，加上一辆需要全面检修的 1958 年产的奥兹莫比尔牌车。

而现在，我毫无怨言。在接下来的 8 年里，我挣了不少钱。

我出了一本书，通过连载版权挣得 25 万美元，书的售价你们很多人完全支付得起。我从事法律行业——我不是声称自己多么够格，但显然前副总统或前总统的身份对律所来说是块金字招牌——我也干得十分努力。

在那段时间，我的年收入在 10 万至 25 万美元。

所以，1968 年我决定参选总统时，我决定停下所有的工作，把钱都投到房产。我出售了所有股票挣得 30 万美元——这是我当时全部所得。我在纽约的公寓卖了 30 万美元——这是个概数。从律所那里我挣了 10 万美元。

所以，我的钱就是这么来的。我这么说吧，我也想对所有电视观众说，我犯过错，但我在担任公职期间，从未谋取私利——每一分钱都是我挣来的。我在任职期间也从未阻碍司法。我可以说在这些年里我欢迎这种督查，因为人们需要知道他们的总统是否是个骗子。而我不是骗子。我所拥有的都是挣来的……

5. 白宫告别演讲（1974 年）

……你们来此为我们送行。这个场合在英文里并没有一个恰当的词语来形容——最好的是再会①。我们会再见的。

……当然，像我昨晚指出的，我们这个政府犯了一些错误，最高领导往往要负起责任，我也从未躲避过这个责任。但我想说一点：我们为这 5 年半的时间感到自豪。这个政府所有的工作人

---

① 尼克松在此使用了 "au revoir" 这一法语词，它表示 "下次见" 或者 "再会"。——译者注

员,没有一个人在离开的时候比他来的时候带走了更多东西。没有一个人假公济私或是挪用公款。这恰恰表明了你们的品质。

……我想起我的父亲。我想,人们称他是小百姓。但他自己不那么看。你们知道他干了什么?他先是干过电车司机,后来做了农民,之后有了一处柠檬种植园。我向你们保证,那是加利福尼亚州最穷的柠檬种植场。在人们在那块地方找到石油之前,他却把它卖了。(笑声)然后他开了一家杂货店。但他是了不起的人,因为他兢兢业业,不管发生了什么,他的每份工作都意义非凡。

也许,没有人会为我的母亲写一本书。呃,谈到自己的母亲,我猜你们每个人都会这么说——我的母亲是至善之人。我想到她的一生,她有两个儿子死于肺结核,她养大了另外四名子女,她在亚利桑那州照顾我的哥哥三年时间,看到自己的儿子去世,她就像自己死了一次一样。

是的,将来也不会有人为她写书,但她是至善之人。

但是现在,我们要看看未来。

……我们想到有时事情不太顺利,想到你初次律师考试没有通过——我就是这样,但我又是幸运的;我是说,我的书写太差了,以至于考试官说:"我们就让这个家伙通过吧。"我们想到某个亲近的人离我们远去,想到我们在某场选举中败下阵来,想到遭受一次失败时感到一切都完了。我们想到,如西奥多·罗斯福所说,生命中的光永远地熄灭了。

但这不是事实。这永远只是个开始。年轻人必须知道这一点,老年人也必须要知道。我们一定要有这种信念,因为伟大不是来自顺境,而是来自真正考验你的时候,你遭受到挫折、经历失望和痛苦的时候。因为只有你曾经跌落到最深的谷底,才会知道站上山巅时风景将是如何壮美。

……我们希望你们为自己做过的事感到自豪。我们希望你们会继续在政府中服务,如果你们情愿的话。永远要竭尽全力,不要丧失勇气,不要心胸狭窄。永远记住,有人可能讨厌你,但只有当你也讨厌他们的时候,他们才赢了,而这个时候你却毁了自己。

还有,我们虽然离去,但期望不减、意气未失,我们满怀谦卑,内心充满感动。我只能对你们每一个人说,我们信仰不同,我们对不同的神灵祈祷——但在某种意义上,我们的神是一样的——我想对你们每一个人说,我们永远不会忘记你们,我们永远对你们心存感激,你们也永远在我们心中,带着我们永远的祝福……

Richard M. Nixon: In the Arena, from Valley to Mountaintop
by Luke A. Nichter
Copyright © 2014 by Nova Science Publishers, Inc.
Simplified Chinese version © 2021 by China Renmin University Press
All rights reserved.

图书在版编目（CIP）数据

尼克松传：从谷底到山巅/（美）卢克·A. 尼科特（Luke A. Nichter）著；徐静姿译. --北京：中国人民大学出版社，2021.4

书名原文：Richard M. Nixon：In the Arena，from Valley to Mountaintop

ISBN 978-7-300-29201-4

Ⅰ.①尼… Ⅱ.①卢…②徐… Ⅲ.①尼克松（Nixon，Patricia Ryan 1912-1993)—传记 Ⅳ.①K837.127=5

中国版本图书馆 CIP 数据核字（2021）第 063231 号

尼克松传：从谷底到山巅

[美] 卢克·A. 尼科特（Luke A. Nichter） 著
徐静姿 译
Nikesong Zhuan：cong Gudi dao Shandian

出版发行	中国人民大学出版社				
社 址	北京中关村大街 31 号		邮政编码	100080	
电 话	010-62511242（总编室）		010-62511770（质管部）		
	010-82501766（邮购部）		010-62514148（门市部）		
	010-62515195（发行公司）		010-62515275（盗版举报）		
网 址	http://www.crup.com.cn				
经 销	新华书店				
印 刷	北京联兴盛业印刷股份有限公司				
开 本	890 mm×1240 mm 1/32		版 次	2021 年 4 月第 1 版	
印 张	8.375 插页 3		印 次	2024 年 5 月第 2 次印刷	
字 数	169 000		定 价	68.00 元	

版权所有 侵权必究 印装差错 负责调换

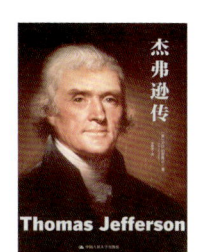

杰弗逊传

作者：[美] R. B. 伯恩斯坦
出版时间：2017 - 03　字数：160 千字
ISBN：978-7-300-23544-8

　　该书被誉为迄今为止关于杰弗逊的最佳短篇传记。

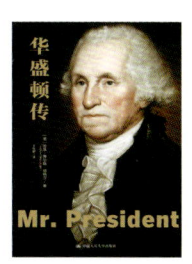

华盛顿传

作者：[美] 哈洛·贾尔斯·昂格尔
出版时间：2017 - 03　字数：156 千字
ISBN：978-7-300-23543-1

　　该书被美国《国民评论》誉为"可读性最强的美国历史学家作品"。

我们的女王：伊丽莎白二世

作者：[英] 罗伯特·哈德曼
出版时间：2017 - 03　字数：343 千字
ISBN：978-7-300-23548-6

　　该书是英国女王伊丽莎白二世的权威传记，讲述了王室内部、女王与大臣、女王与民众之间许多鲜为人知的故事，描绘了女王的日常生活点滴。

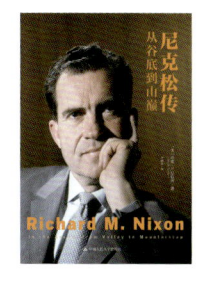

尼克松传：从谷底到山巅

作者：[美] 卢克·A. 尼科特
出版时间：2021 - 04　字数：169 千字
ISBN：978-7-300-29201-4

　　尼克松是美国历史上最有争议的总统之一，该书简述了尼克松跌宕传奇的一生。

政治名人传记

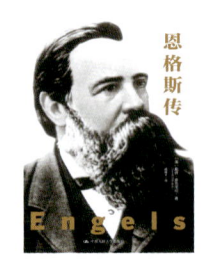

恩格斯传
作者：[英] 戴维·麦克莱伦
出版时间：2017 - 03　字数：65 千字
ISBN：978-7-300-23547-9

英国著名学者戴维·麦克莱伦撰写的关于恩格斯生平与思想的简明传记。

林肯传
作者：[美] 理查德·布鲁克海瑟
出版时间：2017 - 03　字数：226 千字
ISBN：978-7-300-23545-5

该书是非常特别的一本林肯生平传记，引用了许多林肯的演讲和信件，展现了他在领导拯救联邦和结束奴隶制的伟大斗争中，如何追寻先辈们的足迹。

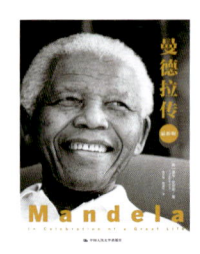

曼德拉传（最新版）
作者：[美] 查伦·史密斯
出版时间：2017 - 03　字数：144 千字
ISBN：978-7-300-23546-2

该书是曼德拉亲自授权的传记，生动描述了曼德拉追求平等、正义和自由的光辉一生。

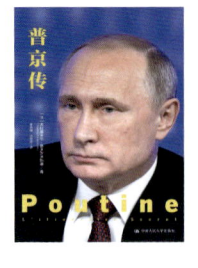

普京传
作者：[法] 弗拉基米尔·费多罗夫斯基
出版时间：2017 - 03　字数：129 千字
ISBN：978-7-300-23690-2

该书以传记形式为读者勾勒出普京各个时期的画像，从其童年的经历到登上权力巅峰，从他的性格特征到家庭婚姻生活，均有细致的描绘。